CBNU CORE 지역학총서 2

오늘날의 유럽

오창룡 · 장클로드 드크레센조 ·
심지영 · 정미경 · 이명환 · 남유선

충북대 유럽문화연구소 편

신아사

발간사

2018년 새해 벽두는 살을 에는 듯한 무서운 한파와 함께 연이은 화재사건으로 아까운 생명들이 희생되었다. 또한 지구촌에서도 어김없이 정치적, 경제적, 문화적으로 무수한 사건과 갈등이 발생하였다.

최근 들어 우리는 눈만 뜨면 인공지능 AI를 비롯해 4차 산업혁명이라는 단어가 무수히 회자되고 있는 것을 실감하고 있다. 이러한 상황은 인문학의 위기와 맞물려 문과 전공자의 시선을 첨단과학과 산업이 지배하는 시장으로 돌리게끔 하고 있다.

그렇다면 시야를 밖으로 돌려 프랑스어권과 독일어권의 지역 상황은 어떠한지를 살펴보고, 그를 바탕으로 우리가 나아갈 미래를 도모해보는 것이 시급하다고 하겠다. 이에 충북대학교 코어사업단에서 후원하고, 유럽문화연구소에서는 각기 프랑스어권과 독일어권의 지역에 대한 심도 있는 주제를 담아 출판하기에 이르렀다. 이 6개의 주제는 얼핏 보기에 각기 다르게 보이지만 큰 틀에서 보면 정치, 사회, 문화를 아우르는 것이다.

총 6명의 저자, 즉 프랑스어권의 3명의 저자와 독어권의 3명의 저자는 정치, 역사, 번역학, 독문학, 불문학 등의 유수한 전공자이고, 학문에 대한 그들의 열정을 오롯이 이 저서에 녹여내었다. 무엇보다 이들은 아프리카를 포함한 프랑스어권 지역과 독일어권 지역의 문화와 지역학에 대해 정통한 학자들이다. 프랑스어권 저자들은 차분히 자신들의 주변을 돌아보면서 프랑스의 정치상황을 오창룡의 '마크롱의 대통령 당선과 프랑스 정치지형의 변화'로 풀어보고, 향후 프랑스의 정치상황을 예견해 보았다. 장클로드 드크레센조(Jean-Claude de Crescenzo)는 '프랑스에서 한국문학을 번역하고 출판하기'라는 주제로 외국인의 시선으로 바라본 한국문학을 보호하고 장려하는 활동에 대해 조심스럽게 자신의 의견을 피력하였다. 심지영은 콩고민주공화국의 민중화를 통해 '콩고 민중의 상상력과 아프리카 모더니티'에 대해 고찰하였다.

독일어권에서 정미경은 '독일 영화 속 다문화사회'를 통해 외국인 노동자, 이민자, 이민 등 독일 내 문화갈등에 대해 영화를 통해 짚어보았다. 이명환은 '독일의 재통일과 통합 독일연방군의 발전'에서 독일의 통일 배경과 군사력을 추적하면서 현재 한반도의 군사적, 정치적 위상을 되돌아보는 계기를 마련하였다. 남유선은 4차 산업혁명 시대의 독일 그리고 우리의 선택'에서 4차 산업혁명 시대의 소통이 학문간의 의사소통이며 융복합적인 문제해결이 관건이라는 것을 강조하였다.

이 총서에서 다루었던 주제들은 정치와 문화를 통해 나와 타인, 한국과 외국이 서로 다름을 인정하고, 톨레랑스의 정신으로 서로의 문화를 이해하고 보듬고, 서로의 처지를 통해 사람이 희망인 사회를 향해 나아가려는 것에 그 목적이 있다고 하겠다. "Everybody is a teacher, everybody is a learner"라고 이 총서의 글에 나와 있듯이 오늘날 누구나 스승이고, 누구나 배우는 사람인 시대가 되었다. 스승과 제자가 서로의 머리를 맞대고 융복합적이고, 학제적인 연구와 교육 속에서 다가올 미래를 향해 가슴을 열고, 다문화시대에 따스한 마음으로 나와 타인이 서로 어울려 잘 사는 미래를 꿈꾸고, 도모하는 것이 후대에 물려줄 귀한 자산이 되리라고 생각한다.

어느 지역의 정치, 문화, 경제 등 지역학을 연구하는 것은 세계를 들여다 볼 수 있는 창을 찾아내고, 그것을 통해 우리가 처한 현실에서의 난관을 헤쳐 나갈 수 있는 혜안을 얻는 것이라고 할 수 있을 것이다. 끝으로 추운 날씨와 바쁜 학사일정에도 불구하고 옥고를 집필해 주신, 저자 분들께 심심한 감사의 말씀을 드리고 싶다.

충북대 유럽문화연구소장

김경석

목차

오늘날의 유럽

2017년 마크롱의 대통령 당선과 프랑스 정치지형의 변화

오창룡_미국 버클리대학교 정치학부 방문연구원

2017년 마크롱의 대통령 당선과 프랑스 정치지형의 변화[1)]

1. 들어가며

프랑스는 결선투표제라는 독특한 선거제도를 도입하고 있다. 1차 투표에서 당선자가 확정되는 것이 아니기 때문에 유권자들은 사표 가능성을 고려하지 않고 원하는 후보를 지지할 수 있다. 따라서 유력 후보 견제를 위한 선거연대를 미리 시도할 필요가 적고 군소정당들이 경쟁할 수 있다. 2000년대 이후에도 생태주의, 트로츠키주의, 드골주의, 중도 등 다양한 이념의 정당들이 대선 1차 투표에서 3% 이상의 득표율을 나누어 가졌으며, 10% 이상 득표한 정당의 수도 3-4개 수준으로 유지됐다. 하지만 결선투표제는 궁극적으로 중도우파와 중도좌파의 양당 정치를 고착화하는 데에 기여했다는 평가가 있어왔다. 유권자들은 결선 투표에서 결국 2위 안에 드는 정당 중 하나에 투표해야 하며, 급진주의 정당은 결선투표에 진출하기 힘들며, 진출한다고

1) 이 글은 오창룡. 2017년 마크롱의 대통령 당선과 프랑스의 정당정치." 『의정연구』 51권 (2017) 및 오창룡. 2017년 프랑스 선거와 신자유주의 정당정치의 통치불가능성." 『진보평론』 73호 (2017)의 내용을 수정 보완한 내용임.

하더라도 최종적으로 당선되기 어렵기 때문이다. 프랑스 제5공화국에서는 1958년부터 1981년까지 중도우파가 집권했으며, 1981년부터 1995년까지 중도좌파가 집권했다. 다시 1995년부터 2012년까지 중도우파가 집권했고, 2012년부터 2017년까지 중도좌파가 집권했다. 역사상 세 번 등장했던 동거정부 역시 중도좌파-중도우파 사이의 권력 주고받기 형태를 띠고 있었다(표 1 참고).

2017년 프랑스 대선이 가져온 획기적인 변화라고 한다면 1958년 이후 예외 없이 반복된 중도 우파와 중도 좌파의 집권구조가 무너졌다는 것이다. 더군다나 2017년 대선에서 중도우파와 중도좌파 정당은 결선투표에도 진출하지 못했다. 결선투표에는 중도를 표방한 마크롱(Emmanuel Macron)과 극우정당 후보 마린 르펜(Marine Le Pen)이 진출했고, 마크롱이 66.1%의 지지로 승리했다. 지도부 세대교체에 성공한 국민전선은 2011년 이후 지속적으로 성장했고, 전국 지지율 1위를 꾸준히 유지해 왔기 때문에 결선투표 진출은 오래전부터 예견된 바였다. 하지만 '중도'를 표방한 마크롱이 결선투표에 진출한 것은 전례 없는 이변이었다. 마크롱은 사회당 각료 출신으로 당내 경선에 참여하지 않고 탈당하여 독자 노선을 걸었던 인물이었다. 대중적 관심을 끌었지만 2017년 초까지 설문조사에서 지지율 3위를 기록하던 후보였으며, 결선투표 진출을 예상한 전문가는 많지 않았다. 마크롱은 대선 직전 3개월 동안의 막판 레이스에서 급부상했으며 결국 권력을 잡는 데에 성공했다.

2017년 프랑스 총선에서도 이변이 이어졌다. 조직 기반이 약한 마크롱의 신생정당이 총선에서 패배하게 된다면 어떤 일이 펼쳐질 것인지에 관심이 집중됐다. 프랑스 특유 이원정부제의 특성 상 '전진하는 공화국'이 총선에서 승리하지 못한다면, 대통령은 취임 2개월 만에 내각을 다수당에게 넘겨야 했다. 역사상 네 번째 동거정부 등장이 예견되는 상황이었다. 동거정부 수립을 막으려면 신생정당이 독자적으로 과반 의석을 확보하거나, 제5공화국 역사상 한 번도 시도되지 않았던 타협을 통한 연합정부를 구성해야 했다. 하지만 우려와 달리 동거정부는 등장하지 않았다. 전진하는 공화국은 하원 577석의 80%에 가까운 450석을 확보하여 제5공화국 여당 최대 의석을 기록했다.

표 1. 프랑스 제5공화국 중도 양당정치의 전개

임기	대통령	임기	내각
1958-1965	드골	1958-1962	중도우파
		1962-1967	중도우파
1965-1969		1967-1968	중도우파
1969-1974	퐁피두	1968-1973	중도우파
1974-1981	지스카르데스탱	1973-1978	중도우파
		1978-1981	중도우파
1981-1988	미테랑	1981-1986	중도좌파
		1986-1988	(동거정부) 중도우파
1988-1995		1988-1993	중도좌파
		1993-1995	(동거정부) 중도우파
1995-2002	시락	1993-1997	중도우파
		1997-2002	(동거정부) 중도좌파
2002-2007		2002-2007	중도우파
2007-2012	사르코지	2007-2012	중도우파
2012-2017	올랑드	2012-2017	중도좌파
2017-2022	마크롱	2017-2022	중도

이러한 2017년 프랑스 선거 결과를 어떻게 이해할 수 있을 것인가? 이하에서는 불과 4개월이 되지 않는 짧은 대선 레이스에서 마크롱이

승리할 수 있었던 맥락을 살펴보고, 약 60여 년간 지속되어 온 프랑스의 정당정치 구조가 2017년 대선과 총선 이후 재편된 맥락을 살펴볼 것이다. 이를 위해 마흔 살의 젊은 마크롱과 신생 중도 정당이 어떻게 집권할 수 있었는지 그 과정을 추적하고, 중도 정당 집권의 함의를 보다 상세하게 분석할 필요가 있다. 제5공화국 수립 이후 변함없이 유지되어 오던 좌우 양당 체제는 왜 붕괴했던 것인지, 마크롱 집권 이후 프랑스 정치 지형에는 어떠한 변화가 예상되는지 추가적인 질문을 던져야 하는 것이다. 이러한 문제들을 고찰하기 위해 먼저 2017년 대선과 총선의 전반적인 전개 과정 속에서 마크롱과 '전진하는 공화국'의 승리 요인을 분석할 것이며, 다음으로 중도 정당 집권의 역사적 함의와 새로운 쟁점을 고찰해 볼 것이다.

2. 2017년 대선과 총선의 전개

(1) 마크롱 당선의 국내정치 배경

2017년 5월 프랑스 대선은 제5공화국 역사상 가장 예측불가능한 선거로 평가받고 있다. 2016년까지 주요 정치 세력들은 극우정당의 부상에 어떻게 맞설 수 있을 것인가를 고민했다. 사회당 정부의 국정수행 지지율이 매우 낮았기 때문에 중도우파인 공화당(LR)과 극우정당 국민전선(FN)의 결선투표 행이 예견됐다. 결국 2002년 선거와 마찬가지로 반 극우 전선이 형성될 것이고 중도우파의 후보가 당선될 것이라는 전망이 우세했다. 그러나 2016년 하반기부터 사회당을 탈당한 엠마뉘엘 마크롱(Emmanuel Macron)이 급부상했으며, 공화당의 프랑수아 피용(Franços Fillon), 국민전선의 마린 르펜(Marine Le Pen), 극좌 후보 장 뤽 멜랑숑(Jean-Luc Mélanchon)이 4파전을 벌이는 양상이 펼쳐졌다. 대선 1차 투표에서 마크롱 24.01%, 르펜 21.30%, 피용 20.01%, 멜랑숑 19.58%의 순으로 득표했으며, 결선투표에서 마크롱은 66.1%의 지지를 얻어 33.9%를 득표한 르펜을 누르고 대통령에 당선됐다.[2] 이 결과는 불과 1년여 전의 여론조사와 선거예측에서 완전히 벗어난 것이었다. 제5공화국 수립 이후 최초로 중도우파와 중도좌파 정당 후보가 동시에 결선투표에 동시에 진출하지 못한 것은 2017년 대선이 처음이었다.

그림 1. 프랑수아 올랑드 대통령의 국정수행지지율 변화(2012-2017)

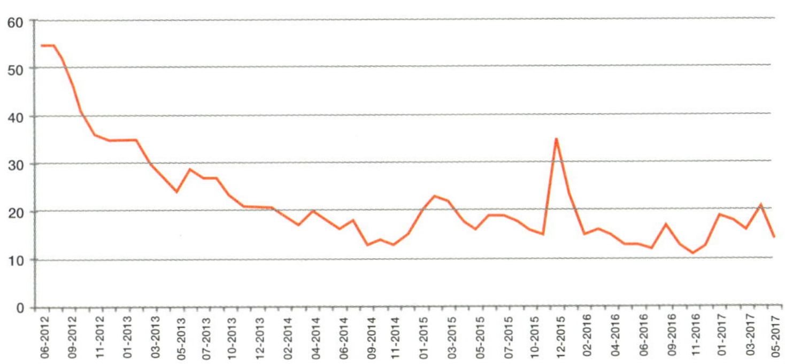

출처: http://www.tns-sofres.com/dataviz?type=1&code_nom=hollande(검색일: 2017/8/7)

2) 프랑스 내무부 홈페이지 https://www.interieur.gouv.fr/Elections/Les-resultats/Presidentielles/elecresult__presidentielle-2017/(path)/presidentielle-2017/FE.html (검색일:2017/8/7)

2017년 대선이 예측 불가능한 방향으로 전개된 데에는 여러 요인이 존재했다. 첫째, 현직 대통령이 재선에 도전하지 못한 것은 중요한 변수였다. 2012년 니콜라 사르코지(Nicolas Sarkozy)가 재선에 실패했지만 최종 결선투표까지 진출했었다. 하지만 프랑스와 올랑드(François Hollande)는 당내 후보 경선에도 참가하지 않는 결정을 내렸다. 그는 부유세 공약을 핵심으로 내걸고 2012년 대선에서 승리했으나, 주요 사회문제를 해결하지 못하고 임기 절반동안 10%대의 최저 국정수행지지율을 기록해 나갔었다(그림1 참고). 특히 노동시간을 연장하고 해고를 유연하게 하는 취지의 노동법(El Khomri 법) 개혁 시도는 좌파정당의 정체성을 약화시킨다는 비판을 받았다(Libération 16/3/9). 올랑드 대통령의 지지율을 크게 반등시킨 사건은 파리 테러였으나, 대선을 앞두고 추락한 지지율은 다시 상승하지 않았다. 대통령의 불출마 선언이 이른 시기에 발표된 것도 아니었다. 올랑드는 대권 재도전 의사를 지속적으로 밝혀오다가 자신이 임명했던 마뉘엘 발스(Manuel Valls) 총리가 후보 등록 의사를 밝히자 불출마를 선언했다. 사회당 경선은 당내 주류세력을 대변하는 마뉘엘 발스와 보다 급진적인 정책을 제시한 브누아 아몽(Benoit Hamon)이 경쟁하는 구도가 형성됐다. 하지만 현직 대통령과 집권여당에 대한 부정적 여론이 강했기 때문에 불과 5년 전 사회당이 주도했던 대선 캠페인 분위기를 회복하기에는 역부족이었다.

둘째, 공화당과 사회당이 새롭게 도입한 국민참여경선에서 주요 후보가 동시에 낙마한 것도 새로운 정치인물의 등장에 유리한 배경을 제공했다. 2017년 대선을 앞두고 공화당은 '우파 및 중도의 개방형 경선', 사회당은 '아름다운 민중연대를 위한 시민경선'이라는 명칭으로 경선을 개최하고 대대적으로 홍보했다. 하지만 두 정당의 경선에서 주류 후보가 모두 탈락했고, 이미 수 년 동안 사전 여론조사에서 거론되던 주요정당 후보들이 순식간에 사라져버렸다. 기존 조사와 예측이 무력화된 것도 당연한 결과였다. 대권경쟁 구도는 당초 마린 르펜, '사르코지 혹은 알랭 쥐페(Alain Juppé)', '올랑드 혹은 발스'의 3파전으로 점쳐졌으나 마린 르펜을 제외하고 인물이 모두 교체됐다. 공화당 경선은 약 4백만 명 이상이 참가하여 흥행 면에서 대성공을 거두었지만, 투표 직전까지 사전조사에서 3위를 기록했던 프랑수아 피용(François Fillon)이 44.1%의 지지를 얻어 승리했다. 피용은 사르코지 정권에서 5년간 교체없이 총리직을 수행했던 유력 정치인이었으며, 2017년 선거에서는 '프랑스식 대처리즘'을 표방하면서 전통적 가치관을 중시하는 우파성향 유권자들에게 어필했던 것으로 평가됐다(Quéméner and Duyck 2017, 46). 사회당 경선에서는 주류세력의 지지를 받던 마뉘엘 발스가 당내 좌파와 녹색당의 지지를 받는 브누아 아몽(Benoit Hamon)에게 패배했다. 경선 1차 투표에서 아몽은 36.5%, 발스는 31.9%를 득표했으며, 결선투표에서는 각각 58.7%, 41.3%의 지지를 얻었다. 아몽은 이후 유럽생태녹색당(EELV)과의 선거연대를 성사시켰는데, 당내 주류세력은 이러한 시도에 크게 저항했다. 발스는 아몽의 연대 시도를 분파주의라 비판했으며, 2017년 3월 29일 마크롱 지지를 선언했다(Martin 2017. 251). 사회당의 분열 속에서 아몽에 대한 지지율은 10%대 아래로 떨어졌으며 대선 1차 투표에서 득표율은 6.35%로 추락했다. 집권 여당 사회당이 득표율 5위로 밀려난 처참한 결과였다.

셋째, 정치 스캔들이 선거 결과에 직접적인 영향을 미쳤다. 국민전선은 유럽의회 의원 보좌관 약 60여 명 중 실제로 29명만이 근무한 것으로 드러나 임금 부당 사용에 대한 의혹을 샀다. 2010년대 이후 선거자금 모금과 집행이 투명하지 않다는 비판도 제기됐다(Le Monde. 17/2/2). 마크롱은 2016년 경제부 장관시절 부당 입찰 의혹이 있는 호화 연회에 참여했다는 공격을 받았다. 프랑스무역투자진흥청(France Business)이 특정 그룹에 38만 유로의 호화 연회를 위탁하면서 입찰과정을 생략했는데 이 과정에 마크롱이 개입했다는 의혹이었다(Le Point 17/6/20). 하지만 스캔들로 가장 큰 타격을 받은 후보는 공화당의 피용 후보였다. 2017년 1월 프랑스 주간지 르 카타르 앙셰네(Le Canard enchaîné)는 피용이 자신의 부인을 보좌관으로 채용하여 8년 간 60만 유로의 세비를 횡령했다고 보도했다(Le Canard enchaîné17/1/25). 검소한 이미지를 유지하며 '투명성'을 강조했던 피용의 이미지는 크게 손상됐으며, 공화당 후보가 결선투표에 당연히 진출할 것이라는 전망도 흔들리게 됐다.

넷째, 마크롱이 기존 중도정당이었던 민주주의운동(MoDem)과 선거연대를 구성한 것은 대선 후보로 급부상할 수 있는 결정적 기회가 되었다. 1980년대 이후 프랑스 중도의 중심이었던 프랑수아 바이루(François Bayrou)는 새로운 중도세력의 등장에 적대적인 입장을 보였으나, 2017년 2월 22일 프랑스의 분열과 극우정치의 부상을 막는다는 취지에서 마크롱을 지지한다는 성명을 발표했다. 이후 줄곧 4-5위권에 머물렀던 마크롱의 지지율이 급등하기 시작한 것도 바로 이 시기부터였다(Quéméner and Duyck 2017, 172-3).

(2) 대선 경쟁의 4파전 양상

대선 1차 투표는 국민전선의 마린 르펜, 공화당의 피용, '전진(En Marche)'의 마크롱, 극좌 '불굴의 프랑스(France Insoumise)'의 멜랑숑 4인을 중심으로 전개됐다. 먼저 마린 르펜은 안보위협과 세계화 경쟁에서 프랑스인들이 겪는 '상실감'을 자극하는 전략을 폈다. 2011년 이후 국민전선은 악마적인 파시스트 정당의 이미지를 쇄신하는 노력을 기울여 왔다. 2017년 대선에서도 이민자 배제 필요성을 직접적으로 언급하기보다는 프랑스 국민들을 희생자로 간주하는 패러다임을 제시했다. 유럽연합으로부터의 경제적 주권을 되찾고 프랑스인 스스로가 자신의 운명을 결정할 수 있어야 한다는 주장이 핵심이었다. 마린 르펜은 프랑스의 영광을 회복하기 위한 국가 역할을 강조했으며, 국민 정체성을 회복할 수 있는 강력한 개혁 추진을 호소했다(Lamizet 2017, 130-134).

공화당 후보 피용은 지난 우파 정권에서 교체 없이 5년 간 총리직에 있으면서 사르코지의 그늘에 가려진 인물로 평가받았으나, 후보경선 결선투표에서 사르코지 지지자 및 보수 성향 당원들의 지지를 얻어 당선됐다. 피용은 '프랑스식 대처리즘'을 내걸고 프랑스 전통가치 복원과 자유주의 개혁 강화를 동시에 주장했다. 위기에 대한 신속한 국가개입과 행정부 강화가 핵심 공약이었으며 국민전선과 유사하게 국가 정체성 회복 문제를 화두로 삼았다. 하지만 경제 자유화를 안보

문제와 동등하게 중요한 현안으로 설정했다는 점에서 극우 후보와 차별화됐다. 또한 가톨릭적인 가치를 강조하여 보수 성향 우파 유권자들의 지지를 흡수했다는 점은 공화당 내 다른 후보들과 구분되는 특징이었다(Fourquet 2016).

마크롱은 잘 알려진 바대로 사회당 정부의 경제산업부장관 출신이다. 사회당 내에서 75% 소득세율 개혁'에 반대했던 대표적 인물이었으며, 공교롭게도 사회당 부유세 정책이 막을 내리는 시기에 장관에 임명됐다. 2016년 4월 장관직을 유지한 상태에서 신생 정당을 창당한 것도 흥미로운 대목이다. 마크롱은 이념적으로 전통적인 좌우 대립을 거부하고 중도 후보로서의 정체성을 강조했다. 프랑스 좌파와 우파는 지난 30년 간 공공부채를 증식시킨 공범이며, 과거의 이념 균열은 현재의 문제 해결에 더 이상 도움이 안 된다고 주장했다(Macron 2016, 39; 67). 마크롱은 신속하게 착수해야 하는 핵심 정책으로 사회협약 탈중심화를 통한 노동시장 개혁, 고용유연화를 뒷받침할 수 있는 직업교육 강화, 기회 평등을 보장하는 교육 개혁 등을 제시했다(Lamizet 2017, 110-113).

마지막으로 멜랑숑은 2009년 1월 사회당을 탈당하여 독일 좌파당(Die Linke)을 모델로 '좌파당(Parti de gauche)'을 창당했던 인물이다. 사회당 좌파 분파와 공산당이 연대하는 좌파전선(Front de gauche)를 결성하여 주요 선거에 참여해 왔으며, 2012년 대선 1차 투표에서 11.1%에 해당하는 약 4백만 표를 얻어 사회당의 올랑드(28.63%), 대중운동연합의 사르코지(27.18 %), 국민전선의 마린 르펜(17.9%)의 뒤를 이어 4위를 기록한 바 있다. 2017년에는 '불굴의 프랑스'를 결성하여 대선에 다시 도전했고, 이번에서도 '제6공화국' 수립을 위한 국민투표 실시와 제헌의회(Assembléconstituante) 소집을 핵심공약으로 내걸었다. 2050년까지 재생에너지 비중 100% 달성, 엘 코므리(El Khomri) 노동법 폐지, 유럽연합과 재정 · 복지 · 환경 분야 재협상 시도, 협상 실패 시 분담금 지급 중단 및 새로운 유럽 협력체 건설 등이 핵심적인 공약이었다(Mélenchon 2016).

그림 2. 프랑스 대선 지지율 변동

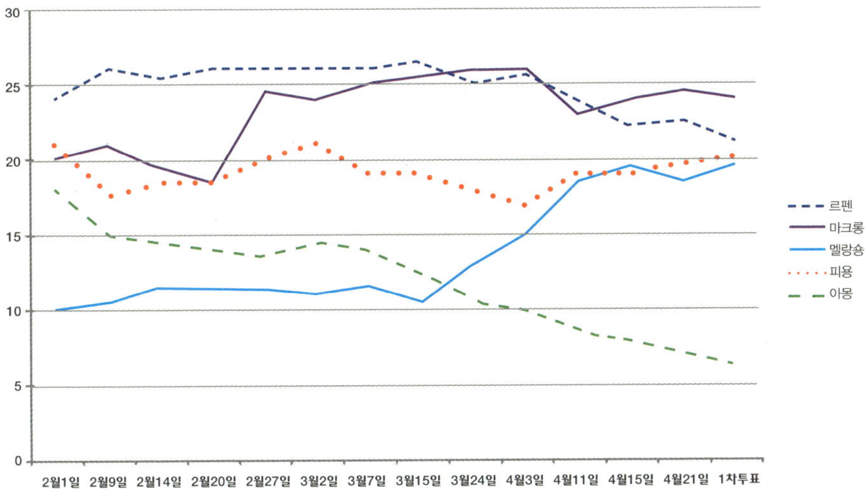

출처: Ifop-Fiducial 설문. https://fr.wikipedia.org/wiki/Liste_de_sondages_sur_l%27%C3%A9lection_pr%C3%A9sidentielle_fran%C3%A7aise_de_2017(검색일: 2017년 9월 1일).

네 후보의 지지율이 20% 전후로 수렴하면서 막판까지 예측 불가능한 경쟁이 이뤄졌다. 2017년 1월까지 마린 르펜의 우세 속에서 피용이 추격하는 2파전 양상을 보였으나 대선을 3개월 앞둔 시점에서 지각변동이 시작됐다. 앞서 언급했듯이 결선투표 진출이 유력했던 피용은 정치 스캔들과 함께 지지율 급락을 겪으며 3위권 밖으로 밀려났다. 청렴하고 강직한 후보 이미지로 지지를 받았기 때문에 비슷한 시기 스캔들에 휘말렸던 다른 후보들보다 타격이 컸다. 비슷한 시기 '원조 중도' 바이루(François Bayrou)가 후보를 사퇴하고 마크롱을 지지하자, 마크롱과 피용의 지지율 순위가 역전되는 결과가 나왔다. 대선을 한 달 앞둔 3월부터 마크롱이 마린 르펜을 앞지르는 설문조사가 나오기 시작했으며, 마크롱의 대통령 당선을 전망하는 분위기가 확산됐다. 좌파 진영에서도 불과 2개월 만에 아몽과 멜랑숑의 지지율이 전도됐다. 10% 후반의 지지율을 유지했던 아몽의 지지율은 끊임없이 추락했고, 멜랑숑 지지율은 3월 중순이후 급등해서 20%대에 가깝게 상승했다. 최종적으로 대선 1차 투표 유효득표율은 마크롱 24.01%, 르펜 21.30%, 피용 20.01%, 멜랑숑 19.58%, 아몽 6.36%의 순이었다. 2위와 4위 간의 득표율차가 2% 미만이었고, 약 60만 표의 차이에 불과했다(그림 2 참고). 대선 직전 설문에 따르면, 마크롱은 대체로 중간관리직 · 기업 고위직 · 전문직 직종의, 고학력 유권자의 지지를 얻었으며, 피용은 자영업 종사자 및 65세 이상의 연금생활자, 가톨릭 성향 유권자로부터 높은 지지를 얻었다. 반면 마린 르펜은 생산직 · 사무직 노동자, 고졸 이하 학력의, 20대 후반에서 40대 유권자의 지지를 얻었고, 멜랑숑은 실업자, 20대 중반 이하의 젊은 유권자, 무슬림의 지지를 높게 얻은 것으로 드러났다(표 2 참고).

표 2. 대선 후보별 지지층 성향 (%)

분 류	마크롱	피 용	르 펜	멜랑숑	아 몽
직종					
생산직노동자	15	6	39	25	5
사무직노동자	18	12	30	24	6
중간관리직	27	10	17	26	11
간부, 전문직	37	20	10	16	9
자영업	19	25	19	18	7
은퇴	27	34	17	12	3
무직	20	17	23	25	8
교육					
초졸	18	19	28	21	5
중졸	17	18	32	19	4
고졸	19	17	25	22	7
대졸	28	21	17	20	7
석박사	35	26	8	16	9
연령					
18-24	23	12	21	29	8
25-34	23	11	25	24	7
35-49	23	13	26	21	8
50-64	25	17	22	20	6
65이상	26	39	14	12	3
종교					
가톨릭(미사 항상 참여)	19	55	15	8	2
가톨릭(미사 때때로 참여)	18	37	18	17	2
가톨릭 냉담자	23	25	23	14	5
개신교	30	20	20	16	4
이슬람교	24	10	5	37	17
무교	24	9	23	28	8

출처: Ifop 2017년 4월 23일 설문. http://www.ifop.com/media/poll/3749-1-study_file.pdf (검색일: 2017년 9월 1일)

2002년 대선 결선투표 당시 극우후보 장 마리 르펜의 당선을 막기 위해 좌파 유권자들은 중도우파 후보를 지지했던 것처럼, 2017년 5월 7일에 치러진 대선 결선투표를 앞두고 명사들의 마크롱 지지 선언이 이어졌다. 1차 투표에서 사회당 후보를 지지했던 토마스 피케티(Thomas Piketty)는 마크롱이 70% 득표율, 마린 르펜이 30% 득표율을 기록하는 것과 마크롱이 55% 득표율, 마린 르펜 45% 득표율을 기록하는 것 사이에는 국정운영에 영향을 미칠만한 큰 차이가 있기 때문에, 좌파 지지자들이 결선투표에서 마크롱을 지지하여 좌파 유권자의 영향력을 보여주어야 한다고 주장했다(*Libération* 17/4/28). 여타 주요 정치인들 역시 마크롱에 대한 공개지지성명을 발표했다. 공화당 후보로 경합했던 피용과 쥐페는 결선투표에서 마크롱에게 투표할 것이라 밝혔으며, 사회당의 올랑드, 발스, 아몽 역시 국민전선에 맞서 마크롱을 지지할 것을 호소했다. 다만 멜랑숑은 공개적인 지지 선언 없이 자신을 지지했던 유권자들 스스로의 판단에 맡긴다고 밝혔다(*Libération* 17/4/27). 최종적으로 결선투표에서 마크롱은 2천 74만 표(66.1%)를 확보해 당선됐고, 마린 르펜은 1천 64만 표 득표(33.9%)로 패배했다.

(3) '전진하는 공화국'의 총선 승리

프랑스의 정치제도 특성 상 대통령 정당이 의회에서 다수당을 차지하지 못하면 동거정부가 구성되므로, 2017년 총선에서도 마크롱과 '전진하는 공화국'(La République En Marche, 총선에 앞서 당명 개정)이 승리할 수 있을 것인지에 관심이 몰렸다. 2002년부터 도입된 대통령 임기 5년

제 개혁의 여파로 대선 몇 달 뒤에 치러지는 총선에서 여당이 절대적으로 유리한 위치를 점하게 된다는 분석이 있었다(Levy and Skach 2008). 그러나 대선 1차 투표에서 4명의 후보가 근소한 차이로 20%대의 득표를 기록했었고, 중도정당이 역대 선거에서 10% 이상의 지지를 얻은 경우가 거의 없었기 때문에, 전진하는 공화국이 2017년 총선에서 과반 의석을 차지하지 못하고 어떤 형태로든 기성 주류 정당과 연대하게 될 것이라는 전망이 우세했다. 대선 1차 투표 결과를 살펴보면 마크롱이 자력으로 확보한 지지율은 실제 투표자의 24.01%, 전체 유권자의 18.19%에 불과했다. 마크롱의 정당은 신생 정당으로 조직적인 기반을 갖추고 있지 않았다. 정통 중도 정당인 민주주의운동(Modem)이 여전히 존재하고 있는 상황이었으며, 중도의 수장 바이루는 대선 후보 단일화를 선택했을 뿐이었다. 조직적 기반이 없는 전진하는 공화국이 마크롱 1인의 역량에 의존해 승리할 수 있을 것이라 생각하는 사람은 많지 않았다. 양대 정당은 대선국면에서 잠시 타격을 입었을 뿐, 총선에서 다시 그 영향력을 드러낼 것이라는 전망도 있었다.

그럼에도 불구하고 마크롱은 예상을 뒤엎고 총선에서도 압도적으로 승리했다. 전진하는 공화국은 308석, 선거연합을 구성했던 민주주의운동(Modem)이 42석을 획득하여, 중도연합이 전체 577석의 60%에 해당하는 의석을 확보했다. 뒤를 이어 공화당이 112석, 사회당이 30석을 차지했는데 이는 1958년 제5공화국 수립이후 중도 양대 정당이 획득한 최저 의석수로 기록됐다. 불굴의 프랑스(France insoumise)와 공산당은 대선에서 19.6%, 총선에서 13.7%의 지지를 얻어 사회당의 득표율에 크게 앞섰고, 2000년대 이후 가장 많은 의원을 배출하게 됐다.

국민전선은 8석을 얻어 결국 교섭단체 구성에는 실패했으며, 2012년 대선과 총선에서 사회당과 연대하여 16석을 확보했던 유럽생태녹색당은 1석을 얻는 데에 그쳤다(표 3 참고).

표 3. 2017년 프랑스 총선 결과

당명	1차 투표득표율(%)	결선 투표득표율(%)	의석수
트로츠키주의 정당	0,77		0
공산당	2,72	1,20	10
불굴의 프랑스	11,03	4,86	17
사회당	7,44	5,68	30
급진당	0,47	0,36	3
기타 좌파 정당	1,60	1,45	12
녹색당	4,30	0,13	1
기타 정당	2,21	0,55	3
지역주의 정당	0,90	0,76	5
전진하는 공화국(전진당)	28,21	43,06	308
민주주의운동(Modem)	4,12	6,06	42
독립민주당	3,03	3,04	18
공화당	15,77	22,23	112
기타 우파 정당	2,76	1,68	6
일어서라 프랑스	1,17	0,10	1
국민전선 (FN)	13,20	8,75	8
기타 극우정당	0,30	0,10	1

출처: https://www.interieur.gouv.fr/Archives/Archives-elections/Elections-legislatives-2017(검색일: 2017년 9월 1일)

신생 중도정당 전진하는 공화국의 압도적 총선 승리 원인을 분석할 때 서론에서 언급한 결선투표제의 영향을 다시 언급하지 않을 수 없다. 표 3에 따르면 전진하는 공화국이 총선 1차 투표에서 받은 유효득표율은 약 28%로, 대선 당시 마크롱이 얻은 득표율을 4%정도 상회하는 수준이다. 그러나 전진하는 공화국과 민주주의운동이 공천한 529명의 후보 중 510명이 결선투표에 진출했으며, 결선투표 진출자의 약 68%가 당선됐다. 대선에 이어 총선에서도 결선투표제도가 전진하는 공화국에게 매우 유리하게 작용했음을 확인할 수 있다. 1차 투표 20%대의 유효득표율에서 출발하여 다수의석을 확보할 수 있었던 것은 결선투표라는 장치가 없었다면 불가능한 일이었다. 과거 결선투표제가 양당 정치의 근간이 되었다는 일반화된 분석을 재평가해야 하는 국면을 맞이한 것이다.

나아가 전진하는 공화국이 기성정치에 대한 환멸과 사회개혁을 요구하는 여론을 어떻게 수용했는지를 살펴볼 필요가 있다. 마크롱은 선거 캠페인 과정에서 좌우대립의 무기력한 기성정치를 극복해야 하며, 기존의 낡은 균열이 사회 현안 해결에 방해가 된다는 주장을 일관되게 제시해왔다(Macron 2016, 38-9). 마크롱은 자신의 정치이념을 피용의 보수주의와 구분되는 자유주의로 규정했으며, 노동과 교육 분야에서의 '자유주의적 개혁'을 핵심 공약으로 내걸었다(Lamizet 2017, 110-112).

전진하는 공화국은 강령뿐만 아니라 조직 구성 면에서도 변화를 시도했다. 2016년 5월 여론조사에 따르면 프랑스인의 절반만이 정당정치의 필요성을 긍정했고, 40% 이상이 정당에 부정적인 입장을 취하고 있는 것으로 드러났다(*Le Point* 16/05/02). 총선 과정에서 전진하는 공화국은 스스로를 정당이 아닌 '운동단체'로 규정하고 기존 정당과 차별화되는 동원을 시도했다. 이러한 탈-정당 전략은 기성 정당정치에 비판적인 입장을 갖고 있던 유권자들에게 참신하게 다가갈 수 있었다. 전진하는 공화국은 당원과 당비에 대한 규정을 두지 않았고, 다른 정당에 가입한 당원도 이중 가입이 가능할 수 있도록 했다. 정당모임에 참여할 수 있다면 회원이 될 수 있도록 했고, 각종 위원회를 직접 만들고 의사에 따라 가입과 탈퇴를 자유롭게 할 수 있도록 허용했다(*La Croix* 2017/06/04). 총선 후보경선 역시 기성 정당과는 다른 방식으로 진행했다. 남녀동수대표제 원칙에 따라 남녀 후보 비율을 배분했으며 524명의 후보 중 여성 후보가 50.7%를 차지했다. 후보 연령도 평균 46세로 전체 평균보다 상대적으로 낮았으며, 52%의 후보가 중앙정부가 아닌 시민사회에서 정치경험을 쌓았던 정치 신인이었다(*Les Echos* 17/05/11). 다만 후보자의 직업이 의사 43명, 변호사 28명, 교육 종사자 87명로 전문직에 치중된 반면 노동자는 2명, 농민은 11명에 불과했으며, 후보 중 약 100명이 그랑제콜 혹은 전문경영과정 출신으로 구성됐다는 비판이 있었다(*Le Monde* 17/06/08).

3. 프랑스 중도 정당 부상의 함의

(1) '중도 공화국' 현상과 기권율 증가

수많은 '최초'라는 수식어가 붙는 마크롱과 전진하는 공화국의 집권에 대한 평가가 진행되고 있다. 사회당과 공화당이 축을 이룬 양대 정당 정치에 대한 환멸이 컸기 때문에 참신한 중도 노선에 대한 긍정적 여론이 집권을 뒷받침했던 것으로 분석된다. 하지만 프랑스 정당체계의 기존 대립구조를 살펴보면 마크롱이 표방한 '중도'가 그렇게 새로운 의미를 갖지 않는다는 사실을 발견하게 된다. 프랑스는 제5공화국은 중도좌파와 중도우파가 언제나 변함없이 번갈아가며 집권해왔다. 중도좌파와 중도우파 양대 정당은 좌파 혹은 우파임에 앞서 '중도'로서의 성격을 스스로 먼저 강조했던 것이다. 두 정당 사이에 위치한 제3당으로서의 중도정당 영향력은 크지 않았으나, 중도의 이념적 영향력이 이미 매우 광범위하게 확장되어 있음을 알 수 있다.

우파 정당 내부에서 중도 자유주의 이념은 1960-70년대에 크게 확산됐다. 1980년대까지 우파 정권은 드골주의 우파와 중도 자유주의 분파의 연합을 통해 구성되어 왔다고 볼 수 있다. 1962년 총선은 신공화국동맹(UNR)의 드골과 중도 독립공화파(RI)를 이끌던 지스카르 데스탱의 연합으로 우파가 승리를 거뒀으며, 1969년 대선에서는 퐁피두(Georges Pompidou)가 독립공주의자당(RI)와 중도민주진보당(CDP)의 지지를 얻어 승리했다. 1974년 대선 2차 투표에서 지스카르 데스탱은 공화국수호동맹(UDR)의 드골주의자들의 지지와 함께, 중도 및 중도우파 지지자들의 결집으로 당선되었으며, 1978년에는 프랑스민주동맹(UDF)을 창당하여 자유주의 우파의 의석수를 더욱 확장시켰다(표 4 참고). 드골주의 우파와 중도 자유주의 정당은 1970년대까지 경제 개혁과 관련하여 상이한 노선을 표방하며 갈등 관계에 있었다. 드골주의자들은 보다 강력한 국가개입을 통한 경제 재건을 추구한 반면, 중도 자유주의자들은 유럽통합과 개방정책을 지지했기 때문이다. 하지만 1980년대 사회당 집권으로 드골주의를 표방한 공화국연합(RPR)은 프랑스민주동맹와 유사한 자유주의 강령을 수용할 수밖에 없었다.

1986년 총선에서 내각을 장악한 공화국연합은 자유주의 민영화 정책을 전면에 내걸고 개혁에 착수했다.

표 4. 1960-70년대 우파 정치연합

선거	우파 정치연합	
	드골주의 정당	중도 자유주의 정당
1958년 총선	신공화국동맹(UNR; Union pour la nouvelle République)	
1962년 총선	신공화국동맹-노동민주동맹(UDT; Union démo-crate du travail)	독립공화주의자당(RI; Républicains indépendants)
1969년 대선	신공화국동맹-노동민주동맹(UNR-UDT)	독립공화주의자당(RI), 중도민주진보당(CDP; Centre démocratie et progrés)
1974년 대선	공화국수호동맹(UDR; Union pour la défence de la République)	독립공화주의자당(RI), 중도민주진보당(CDP), 민주중도당(CD; Centre démocratie), 전국자영업농민센터(CNIP; Centre national des Indépendants et paysans), 사회민주운동(MDSF; Mouvement démocrate socialiste de France), 급진당(Raidcal)
1978년 총선	공화국연합(RPR; Rassemblement pour la République)	프랑스민주동맹(UDF; Union pour la démocratie française), 사회민주중도파(CDS;Centre démocratie Sociaux), 전국자영업농민센터(CNIP), 사회주의민주운동(MDS; Mouvement démocrate socialiste) , 급진당(Raidcal)

출처: Wright 1989, 183에서 재구성

1980년대 집권 사회당 역시 자유주의적 노선으로 선회했다. 1983년 사회당 정부는 유럽통화제도(EMS; European Monetary System)의 권고에 따라 탈규제와 민영화 방향으로 정책을 전환했다. 1980년대 프랑스는 세계 무역에 대한 의존도를 낮출 수 없는 상황이었는데, 그럼에도 대외 무역적자는 GDP의 3%에 달하는 규모가 되었다. 증시 역시 30% 이상 하락했으며, 프랑화는 독일 마르크화 대비 30% 평가절하됐다. 1982년에서 1984년 사이에만 일자리 40만 개가 사라졌으며, 실업자 수는 1981년 170만 명에서 1984년 240만으로 증가했다. 집권 사회당 지지율 역시 급락했는데, 1981년 총선 1차 투표 당시 55.8%였던 득표율은 1984년 유럽의회선거에서 39%로 급락했다. 미테랑과 사회당 정권은 국가주도의 개입주의 경제개혁을 포기하고 유럽통화제도(EMS)의 처방을 따를 수밖에 없었다. 1984년부터 수상을 역임한 파비우스(Laurent Fabius)는 자유주의 정책 전환을 주도했으며, 이 국면은 프랑스 경제가 신자유주의 세계화를 수용하는 시발점이 되었다(Knapp 1994, 70).

이러한 정통 드골주의와 사회주의 정당의 자유주의 노선 수용은 중도 정당의 독자적인 정체성을 유지하는 데에 걸림돌이 됐다. 하지만 '중도'의 확산이 좌파와 우파 정당들에게 유리한 국면을 제공했던 것도 아니다. 퓌레(François Furet), 쥘리아르(Jacques Julliard), 로장발롱(Pierre Rosanvallon) 등의 학자들은 프랑스의 양대 정당 구조를 '중도 공화국'이라 비판한 바 있다(Furet et al. 1988). 여기서 중도 공화국이란 1980년대 이후 좌우 정당들이 절충적인 입장을 취한 상황을 부정적 뉘앙스로 평가하는 의미를 갖는다. 정당 강령의 차별성이 약화되고, 의회는 중도좌파와 중도우파를 중심으로 구성됐으며, 개별 정치인들 간의 정파별 차이를 구분하기 힘든 상황이 발생했다. 드골주의 전통에서 성장한 국가개입원칙이 신자유주의 개혁 지향과 모호하게 혼합되었으며, 집권 후 3년이 지나지 않은 시점에서 시장 친화적 정책을 추진한 미테랑과 사회당 정치에 대한 환멸이 증가했다. 1980년대 이후 프랑스 정당 정치는 점차 온건해졌고, 노조 역시 약화되고 파업 수가 현저하게 줄었다. 좌우의 이념 대립, 노사 대립 등의 사회적 갈등도 약화되었다. 의회 다수파는 중도 좌파와 중도 우파를 중심으로 구성되며, 정파 간 정치적 전통과 노선의 차별성이 있다고 하더라도 실제 정치인들 간의 차이를 구별하기 힘든 상황이 발생했다. 1980년대 영국에서 대처 주도의 신자유주의 개혁이 진행되었던 것과는 달리, 프랑스에서는 자유시장과 국가개입 원칙이 혼합된 형태로 유지된 것도 중도공화국 현상과 연관이 있다(Furet et al. 1988, 51).

온건한 자유주의 정치의 확장의 주요한 부작용으로 기권율 증가가 꼽힌다. 중도 양당 정치가 정착되던 시기에 중재자로서의 국가 역할이 약화되고 국립행정학교(ENA) 출신 엘리트 정치만이 가속화된다는 비판이 확산됐다. 극우 국민전선의 성장 역시 대중들의 반 엘리트주의가 표출된 결과로 설명됐다(Furet et al. 1988, 143). '프랑스 대선과 총선 기권율은 1980년대부터 증가하기 시작했는데, 대선 1차 투표 기권율은 1981년 18.9%, 1988년 18.6%, 1995년 20.6%, 2002년 27.8%의 수준으로 상승했다가 2007년 다시 16.2%로 떨어졌으나, 2017년 22.2%로 다시 상승했다. 총선 1차 투표 기권율은 1988년 30%대를 돌파하고, 2012년 40%대를 기록했다(표 6 참고).

마크롱과 전진하는 공화국이 집권한 지 불과 6개월이 지나지 않은 현재 시점에서 이들의 선명한 중도 자유주의 노선이 대중들의 환멸을 낳았던 온건한 중도 공화국의 병폐를 진정으로 극복할 수 있을지 예단할 수는 없다. 다만 분명한 것은 이들의 집권 과정에서 투표 기권율 증가 경향이 계속되었다는 것이다. 2017년 총선 결선투표 기권율은 57.36에 달한다. 2017년 프랑스 선거에서도 대선보다도 총선 참여도가 현저하게 낮았다는 것이 특징이며, 이 측면에서 전진하는 공화국의 참신성이 가져온 혁신적 효과만을 강조할 수 없다. 오히려 프랑스 제5공화국을 지속적으로 지배해 온 중도 엘리트정치에 대한 환멸이 여전히 존재하는 맥락에서 치러진 선거로 해석할 수 있는 여지가 더 크다.

표 6. 프랑스 제5공화국 대선 및 총선 기권율 변화(%)

대 선		
연도	1차	결선
1958	5.8	-
1965	15.2	15.7
1969	22.4	31.1
1974	15.8	12.7
1981	18.9	14.1
1988	18.6	15.9
1995	21.6	20.3
2002	28.4	10.3
2007	16.2	16.0
2012	19.7	20.5
2017	22.2	25.4

총 선		
연도	1차	결선
1958	22.8	25.2
1962	31.3	27.9
1967	18.9	20.3
1968	20.0	22.2
1973	18.7	18.2
1978	16.8	15.1
1981	29.1	24.9
1986	21.5	-
1988	34.3	30.1
1993	30.8	32.4
1997	32.0	28.9
2002	35.6	39.7
2007	39.6	40.0
2012	42.8	44.6
2017	51.3	57.36

출처: http://www.politiquemania.com/graphiques.htmll 및 https://www.interieur.gouv.fr/Elections/Les-resultats/Legislatives(검색일: 2017년 9월 1일)

(2) 정당질서 재편과 대통령 리더십

중도 공화국과 관련된 논의에서 '중도'의 또 다른 이름은 '자유주의'라는 것을 확인할 수 있다. 1980년대 이후 사회당과 공화당 전신 정당들이 중도좌파 혹은 중도우파로 분류된 것은 자유주의 시장개혁을 지지하는 정도와 긴밀한 관련이 있었다. 퓌레, 쥘리아르, 로장발롱은 '중도 공화국' 논의에서 "프랑스가 예외주의의 막을 내리고, 민주주의의 보통법(le droit commun) 속으로 진입한다."고 언급했는데, 여기서 보통법이란 경제 개방, 기업 민영화, 자유주의 경쟁 수용 등을 의미하는 것이었다(Furet et al. 1988). 아울러 프랑스 원조 중도정당의 시초가 된 프랑스민주동맹(UDF)은 시장과 개인주의를 강조하며 정통 드골주의와 차별화를 시도했던 자유주의 우파였다.

2000년대 들어 프랑스의 정당들이 직면 한 주요 과제는 '자유시장'에 대한 국민적 반감을 포용하면서 세계화의 정책을 추진해야하는 딜레마를 해결하는 것이었다. 세계여론조사(World Public Opinion)가 2005년 6-8월에 20개국을 대상으로 실시한 여론조사에 따르면, 프랑스는 조사대상국들 중 자유시장경제에 대해 가장 적대적인 입장을 보인 국가였다(그림 3 참고). 프랑스를 제외한 19개 국가의 국민들은 대체로 과반수이상이 자유 시장경제를 긍정적으로 지지하였던 반면, 프랑스의 경우 조사 대상자의 36%만이 찬성하고 과반수가 반대하는 의사를 표명했다. 프랑스는 조사대상국 중 유일하게 반대여론이 찬성여론을 넘어섰다. 즉 프랑스의 경우 신자유주의 개혁에 역행하여 '보호주의'에 대한 요청이 아래로부터 형성됐었다. 과거 프랑스 국민들은 자유무역을 원하지 않았고, 정치인들은 대중들의 세계화에 대한 불신을 간과할 수 없었다(Siroen 2010).

그림 3. 자유시장경제에 대한 국민들의 지지 여부

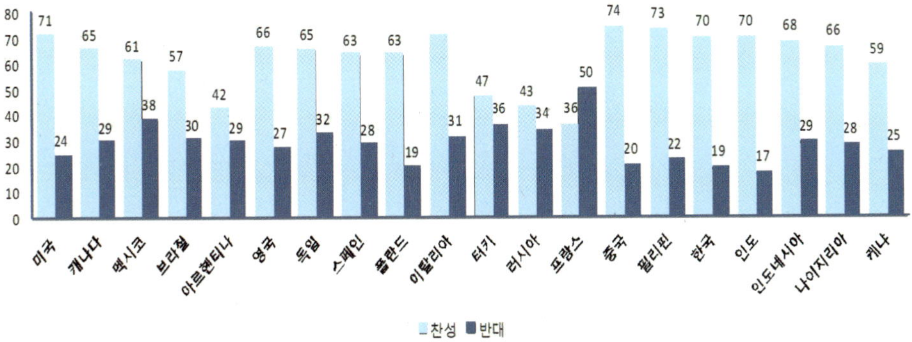

출처: 세계여론조사(http://www.worldpublicopinion.org/pipa/articles/breuropera/185.php?lb=btgl&pnt=185&nid=&id 검색일: 2012년 4월 15일).

하지만 최근 지속되는 실업문제와 경기침체 속에서 자유주의적 개혁의 확대 필요성에 공감하는 여론도 증가해왔다. 2016년 9월 여론조사에 따르면 프랑스 국민 60%가 공무원 노동시간 증가, 실업수당 절감, 재산세 축소를 희망하고, 50% 이상은 공무원 정원 감축과 35시간 노동제 폐지에 동의하는 것으로 드러났다(Cayrol 2017, 68-9). 이러한 맥락에서 마크롱이 스스로를 중도로 표방한 것은 양대 정당 사이의 틈새를 찾는 전략이라기보다는 자유주의 정당으로서의 정체성을 분명하게 드러낸 시도였다. 이 전략을 통해 신자유주의에 반대하는 마린 르펜과의 차별성을 부각시키면서 신자유주의 지지 대 신자유주의 반대의 선거 구도를 형성할 수 있었다. 신자유주의 확산에 부정적이었던 멜랑숑과 마린 르펜의 대선 1차 투표 득표율 합은 40.88%이었으나, 이들 정당의 총선 1차 투표 득표율 합은 13.61%에 불과했다. 중도 자유주의 이념의 영향력이 대선보다 총선에서 더 확장된 결과로 해석할 수 있다.

그런데 주목해야 하는 지점은 '선명한 신자유주의'를 표방한 리더십의 스타일이다. 물론 마크롱의 리더십에 대한 평가를 하기에는 이른 시점이나 현재 몇 가지 우려가 존재한다. 마크롱과 전진하는 공화국은 중도 정당의 정치 계보를 가시적으로 드러내지 않았고, 오히려 정당의 역할을 부정하는 형태로 선거 캠페인을 이끌었다. 여당의 조직화된 역량보다는 마크롱 개인의 역량이 크게 부각됐으며, 하원 의석 60%를 장악한 상황에서 정당 간 합의보다 대통령 주도의 개혁 국면이 당분간 지속될 것이 가능성이 크다. 더구나 현재 마크롱과 여당의 독주를 막을 수 있는 견제 세력은 크게 약화되어 있다. 바이루를 포함하여 내각에 참여한 구(舊) 중도정당 출신 장관들이 각종 스캔들로 한 달 만에 사퇴하면서, 정부 내에서 대통령을 견제할 수 있는 세력도 힘을 얻기 힘들게 됐다.

마크롱은 '평범한'(normal) 대통령이라는 평을 받았던 전임 올랑드 대통령의 이미지와 차별화되는 리더십을 지향해왔다. 대선 전 발간한 저서에서 마크롱은 개혁에 적합한 이상적 모델로 드골(De Gaulle)의 리더십을 꼽은 바 있다(Macron 2016, 37-8). 중도 자유주의와 경쟁관계에 있던 우파 드골주의의 핵심 인물을 롤 모델로 제시한 것은 매우 아이러닉하다. 2007년부터 5년 간 집권했던 사르코지는 자유주의 개혁을 강력하게 추진하면서 '어디에나 존재하는' 대통령, '하이퍼 대통령' 등의 별칭을 얻었다. 마크롱은 사르코지와는 분명히 차별화되는 인물이나, 신중의 신인 '주피터 대통령'이라 불리면서 사르코지가 집권 초기에 보였던 리더십을 연상시키고 있다. 실제로 마크롱은 신임 총리 에두아르 필립(Edouard Philippe)의 하원 연설 전날인 2017년 7월 3일에 베르사이유 양원합동 연설을 강행하여, 사르코지가 피용에게 했던 방식과 동일하게 총리 길들이기를 한다는 비판을 받았다(*Marianne* 17/6/30).

이와 함께 전통적인 엘리트 정치에 대한 반감도 마크롱 정권이 극복해야 하는 문제로 꼽힌다. 마크롱과 마린 르펜 지지자들의 사회경제적 특성에서 가장 두드러진 차이 중의 하나가 학력수준이었다는 것이 드러났다. 2017년 대선 1차 투표 참가자를 대상으로 한 설문에서 2년제 대학과정을 마친 유권자의 35%가 마크롱을, 8%가 마린 르펜을 지지한 반면, 고등학교를 졸업하지 못한 유권자의 31%가 마린 르펜을, 17%가 마크롱을 지지한 것으로 조사됐다(그림 3 참고). 교육 격차와 후보 선택에 주요한 상관관계가 존재한다는 사실은 함의하는 바가 크며, 프랑스 중도 정부가 현존하는 사회 불평등과 신자유주의 세계화에 대한 계층별 인식 차이를 어떻게 극복할 것인가가 향후 국정 운영의 주요 과제로 등장했다고 볼 수 있다.

그림 3. 학력 수준에 따른 지지 후보 차이(마크롱 대(對) 마린 르펜, 단위: %)

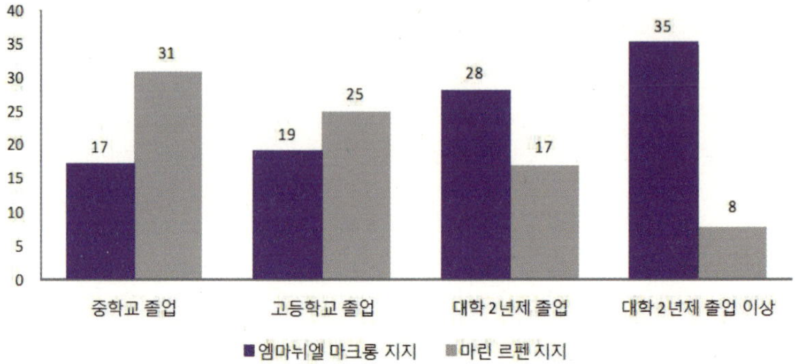

출처: Fourquet 2017, 269.

4. 나오며

2017년 대선과 총선을 거치면서 프랑스 제5공화국 정당정치의 근간을 이루었던 중도 양당정치의 구조가 붕괴했다. 제5공화국이 수립된 1958년부터 1970년대까지는 드골주의 우파와 자유주의 우파, 공산당과 사회당이 경쟁하는 4당체제가 유지되었고, 1981년 사회당이 집권하면서 중도우파 연합과 중도좌파 사회당이 번갈아 집권하는 양당체제가 지속됐었다. 그러나 2011년 이후에는 마린 르펜의 국민전선이 크게 부상하면서 전통적인 양당체제에 균열이 생기기 시작했으며, 이로부터 불과 6년이 지난 않은 시점에서 주류 정당으로 부각된 적이 없었던 중도 정당이 내각을 구성하게 됐다.

이 과정에서 전통적인 좌파(아몽, 멜랑숑) 대(對) 중도(마크롱, 바이루) 대(對) 우파(피용, 르펜)의 대립은 두드러지지 않았고, 신자유주의 세계화 지지(마크롱, 피용) 대(對) 신자유주의 세계화 반대(르펜, 멜랑숑, 아몽)의 전선이 보다 부각됐다. 마크롱은 2017년 선거를 세계화주의자 대 애국주의자의 대결로 규정했으며, 반대편에서 마린 르펜은 '부끄러운 세계화'를 외치며 대선 양자 구도를 유도했다. 대선 1차 투표에서 마크롱 및 피용의 득표율 합이 44.02%, 르펜, 멜랑숑, 아몽의 득표율 합이 47.24%였기 때문에 기존 어떤 대선보다도 신자유주의 개혁을 둘러싼 논쟁이 치열했다고 볼 수 있다.

총선 결과는 신자유주의 지지 세력의 압도적인 승리였다. 다섯 정당의 의석수만을 놓고 비교하면 전자는 462석을 후자는 55석을 확보했다. 걷잡을 수 없이 증가하는 실업률과 경기침체에 직면하여 자유주의 개혁에 공감하는 여론이 증가한 현실이 어느 정도 반영된 결과라 볼 수 있다. 그리고 프랑스의 정당정치가 언제나 신자유주의 지지 세력에 의해 주도되었다는 사실에 비추어 볼 때 놀랄만한 일이 아니다. 그럼에도 대선 시기 형성된 신자유주의를 둘러싼 팽팽한 대립이 허무하게 무너진 결과였으며 좌파 정당의 고립이 두드러졌다.

하지만 중도 자유주의의 부상과 함께 프랑스 극좌정당의 재편도 향후 프랑스 정치지형의 변화와 관련하여 주목할 만한 사안이라 할 수 있다. 2017년 대선에서 20%에 가까운 득표율을 기록한 멜랑숑이 프랑스 좌파의 대안으로 부상했으며, 향후 불굴의 프랑스가 반신자유주의 정치를 주도하게 될 것이라는 기대가 증가했다. 물론 멜랑숑이 주도하는 불굴의 프랑스가 몰락한 사회당을 대신해서 좌파를 대표하는 조직으로 성장하려면 이민정책과 유럽연합과의 관계에 대한 보다 선명한 대안을 제시할 필요가 있다. 나아가 이미 다수의 프랑스 노동자들은 급진좌파 정당이 아닌 극우정당에게 표를 던지는 상황에서, 노동자들로부터 가장 많은 지지를 획득하는 조직으로 변모하는 것이 절실하다.

그런데 흥미로운 사실은 탈 정당 노선이 마크롱의 전진하는 공화국만의 전유물이 아니었다는 점이다. 멜랑숑 역시 '제헌의회(convention)'라는 명칭의 실험적인 대안을 제안했다. 1789년 프랑스 대혁명을 연상시키는 제헌의회는 기존 전당대회를 대체하는 조직체였다. 불굴의 프랑스는 멜랑숑을 지지하는 운동단체와 정당에 모두 개방되며, 대표자를 회원들 중에서 추첨으로 선발하여 가변적인 참여와 자유로운 숙의를 유도한다고 밝혔다. 즉 전진하는 공화국과 불굴의 프랑스는 대표를 구성하는 방식으로 '추첨제'를 도입했다는 측면에서 공통적이었다. 하지만 두 정당의 '탈 정당' 실험이 마크롱과 멜랑숑의 개인의 리더십을 뒷받침하는 데에 머물게 된다면 그 미래는 낙관적이지 않다.

마크롱은 자유주의적 경제개혁의 필요성을 가장 강조한 후보였으며. 역대 어떤 정권보다도 자유주의 개혁 실행에 대한 큰 기대를 받고 있다. 그러나 개혁을 둘러싼 계층 간 입장차이가 여전히 첨예하게 존재하기 때문에, 무리한 개혁 추진은 거대한 반대에 부딪칠 수 있다. 실제로 대통령 핵심공약이었던 노동법 개혁을 앞두고 2017년 가을부터 전국 규모의 반대 시위가 예상되고 있다. 마크롱과 전진하는 공화국이 젊고 합리적인 정당정치의 새로운 가능성을 열지 혹은 반대로 정당정치 위에 군림하는 '제왕적 대통령'의 회귀를 보일지 더 지켜볼 필요가 있다. 또한 극좌와 극우 정치세력이 신자유주의 개혁에 대한 실질적인 대안을 어떻게 제시해나갈 것인지도 주목해야 한다. 대선과 총선의 득표율 차이를 비교할 때 불굴의 프랑스와 국민전선 역시 인물 중심의 정당 구조에서 벗어나지 못하고 있다는 사실을 확인할 수 있다. 자유주의적인 경제개혁을 추진하는 권력에 맞선다는 명분에서, 극좌와 극우 정치가 메시아적인 인물정치로 체제 환멸을 흡수한다면 그것은 한시적인 포퓰리즘 확산에 지나지 않을 것이다.

〈참고문헌〉

Brittan, Samuel. 1975. "The Economic Contraditions of Democracy." *British Journal of Political Science* 5(1).

Cayrol, Roland. 2017. *Les raisons de la colère*. Grasset.

Douglas, James. 1976. "The Overloaded Crown." *British Journal of Political Science* 6 (4).

Fourquet, Jérôme. 2016. Les électorats confessionnels à la primaire de la droite: des choix tranchés. Ifop Focus 145.

Fourquet, Jérome. 2017. "Un nouveau clivage: Perdants versus gagnants de la mondialisation." *Commentaire* 158.

Furet, François. *et al*. 1988. *La Républiaue du centre: La fin de l'exception française*. Calmann-Lévy.

Gordon, Philip, and Sophie Meunier. 2001. *The French Challenge: Adapting to Globaliszation*. Washington: Brookings Institution Press.

Hayward, Jack. 1994. "Ideological Change: The Exhaustion of the Revolutionary Impetus." Peter Hall, Jack Hayward and Howard Machin. eds., *Developments in French Politics*. Basingstoke: Macmillan.

Knapp, Andrew. 1994. *Gaullism since de Gaulle*. Aldershot: Dartmouth.

Krueger, Anne. 1974. "The Political Economy of the Rent-Seeking Society." *American Economic Review* 64(3).

Laborde, Cécile. 1999. "French Politics 1981-97: Stability and Malaise." Malcolm Cook and Grace Davie. eds., *Modern France: Society in Transition*. New York: Routeledge.

Lamizet, Bernard. 2017. Les mots et les voix. L'Harmattan.

Lamizet, Bernard. 2017. *Les mots et les voix: La discours des candidats à l'élection présidentielle de 2017 en France*. Paris: L'Harmattan.

Levy, Jonah D. and Cindy Skach. 2008. "The Return to a Strong Presidency." A. Cole, P. Le Galès, and J. Levy, eds. *Developments in French Politics 4*. Hampshire: Palgrave.

Levy, Jonah D.and Cindy Skach. 2008. "The Return to a Strong Presidency." A. Cole, P. Le Galès, and J. Levy, eds., *Developments in French Politics* 4. Hampshire, UK: Palgrave.

Macron, Emmanuel. 2016. *Révolution: C'est notre combat pour la France*. Paris: XO Editions.

Macron, Emmanuel. 2016. Révolution: C'est notre combat pour la France. XO.

Martin, Pierre. 2017. "Un séisme politique: L'élection présidentielle de 2017." Commentaire 158.

Martin, Pierre. 2017. "Un séisme politique: L'élection présidentielle de 2017." *Commentaire* 158.

Mélenchon, Jean-Luc. 2016. L'avenir en Commun. Seuil.

Neumann, Laurent. 2017. *Les dessous de la campagne 2017*. Paris: Calmann Levy.

Prissette, Nicolas. 2017. *Emmanuel Macron. Le Président inattendu*. Paris: First.

Quéméner, Soazig and Alexandre Duyck. 2017. *L'irrésistible ascension: Les dessous d'une présidentielle insensée*. Paris: Flammarion.

Rose, Richard. 1979. "Ungovernability: Is there Fire behind the Smoke?" *Political Studies* 27(3).

Siroen, Jean-Marc. 2010. "Comment l'opinion perçoit la mondialisation : une exception française?"(http://basepub.dauphine.fr/xmlui/handle/123456789/3203, 검색일: 2017년 11월 15일).

Wright, Vincent. 1989. *The Government and Politics of France*. New

York: Homes & Meier Publishers.

Libération. 2016. "Loi El Khomri : la gauche face à sa raison d'être."(Mars 9).

Le Monde. 2017. "Les six affaires qui menacent Marine Le Pen et le Front national."(Feb. 2).

Le Canard enchaîné. 2017. "Pour Fillon, Penelope est un bon filon."(Jan. 25).

Le Point. 2017. "Déplacement de Macron à Las Vegas: perquisitions chez Havas et Business France."(June 20).

La Croix. 2017. "En Marche! est-il un mouvement ou un parti?"(June 4).

Le Point. 2016. "Sondage: les partis politiques "nécessaires" pour un Français sur deux seulement."(May 16).

Les Echos. 2017. "Législatives : la République en marche dévoile 428 candidats."(May 17).

Liberation. 2017. "Thomas Piketty : Plus le score de Macron sera fort, plus il sera clair que ce n'est pas son programme que nous accréditons."(April 28).

Marianne. 2017. "Macron et Sarkozy, si loin, si proches."(June 30).

프랑스에서 한국문학을 번역하고 출판하기:
실험과 관련하여

장클로드 드크레센조(Jean-Claude de Crescenzo)*

* 장클로드 드크레센조(Jean-Claude de Crescenzo)는 엑스마르세유(Aix-Marseille) 대학 한국어학과 학과장이자 번역가, 편집자, 한국문학잡지 '글마당'의 대표이다.

프랑스에서 한국문학을 번역하고 출판하기: 실험과 관련하여

한국문학은 프랑스에서 춘향전이 "향기로운 봄(Printemps parfumé)" 이란 제목으로 번안되었던 19세기로 거슬러 올라갈 만큼 오래되었다. 무명작인 "향기로운 봄"은 1892년 당튀(Dentu) 출판사의 귀욤(Guillaume) 전집에 실려 출간되었으며, 루덱 마로드(Luděk Marold)와 미티스

(Mittis)가 삽화를 그렸다. 이 책은 '넬룸보(Nelumbo) 전집의 동양시리즈'의 한 부분으로 구성되었으며, 로스니(J. H. Rosny)가 서명한 긴 서문으로 시작한다. 첫 부분은 다음과 같다.

"춘향전은 프랑스어로 번역된 첫 번째 한국소설이며, 더욱이 유럽어로 번역된 첫 번째 소설이라고 할 수 있다."

1935년 문학협정(Convention littéraire)을 통해 젊은 시절 로스니(J. H. Rosny)가 공동 번역과 각색하여 이 작품을 번역하게 되었다.

한국문학은 이 작품을 통해 프랑스에 소개되었고, 몇 년 후인 1896년 프랑스와 한국은 첫 번째 조약을 체결한다. "향기로운 봄"에 이어 1895년 다른 한국설화인 "심청전"이 번안되었다. 1934년에는 피기에르(Figuière) 출판사가 파리에서 서영해[1]의 "거울, 불행의 원인"이란 소설을 출간한다. 그 후 수십 년에 걸쳐 다른 번역이 드문드문 이어졌고, 1990년대에서야 시리즈로 된 작품 번역이 프랑스에서 이루어진다.

문학작품 번역

세계 번역의 18%를 차지할 정도로 프랑스는 번역이 활발히 이루어지는 국가이다. 약 5권 중 1권이 번역서이며, 번역 도서는 출판사 매출의 20%를 차지한다. 우리의 목적은 이를 주요하게 분석하고자 하는 것은 아니다. 번역에서 많은 부분이 영어에서 비롯된다고 볼 때, 이

1) 서영해 선생은 독립운동가로 상해임시정부 당시 파리주재대표를 역임했다(역자 각주).

분야가 프랑스문학을 전제로 하는 결과들을 분석하는 것도 더더욱 아니다. 몇몇 수치는 번역의 현황과 영어의 지배력, 만만치 않은 일본어의 저력을 보여준다. 이러한 현상은 프랑스보다 한국에서 두드러지게 나타난다. 독일, 이탈리아, 스페인 등 다른 유럽 국가들의 언어가 프랑스, 한국 등 두 국가에서 전개되는 과정을 보면 평균적 수치를 보이고 있다.

그럼에도 불구하고 한국 내 프랑스 문학의 번역이 괜찮은 수준인 반면, 프랑스에서는 그렇지 않다. 2016년 최근 수치에 의하면 프랑스 내 한국작품의 번역이 0.1~0.5%를 차지하는 반면, 한국 내 프랑스 작품의 번역은 세 번째 자리를 차지하고 있다. 심지어 어떠한 통계에서 한국은 거의 언급조차 되지 않고 있다. 코트다쥐르(Côte d'Azur)의 지역도서센터는 한국작품의 번역과 관련하여 16%가 감소했다고 밝혔다. 2012년 프랑스에서 57종의 한국도서가 출판된 것에 비해, 서울도서전에서는 453권의 사업권이 팔렸다. 이런 상황은 한국문학이 프랑스 문학지형에서 자리를 잡는데 있어 겪는 어려움을 다시 한번 보여준다. 아시아 문학이 프랑스에서 후퇴하고 있는 중에, 일본과 중국문학이 한국문학을 계속 방해하여 더 어려운 상황에 처해 있다. 세계 곳곳에서 전개되고 있는 상황이기도 하다. 중국, 일본과 달리 한국작품을 진열대에 배치시키는 서점은 드물다. 2016년 파리도서전이 개최될 때 한국은 공식 초청되었는데, 몇몇 서점은 한국 관련 진열대를 설치했으나 도서전 이후 빠르게 사라졌다.

국가별 번역 작품 출판 [2014]

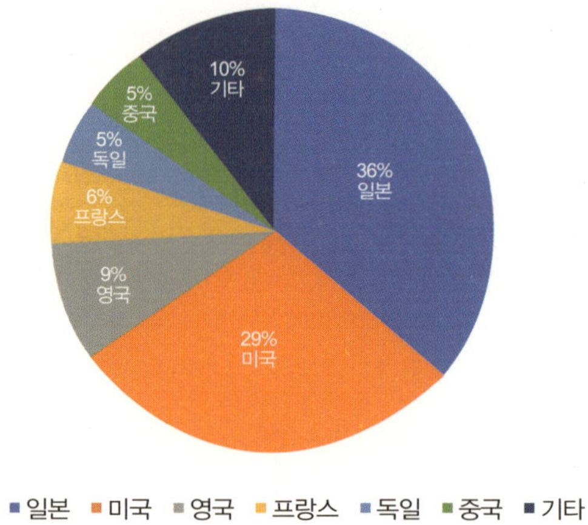

출처: 대한출판문화협회 출판정보관리센터

2013년 프랑스에서 유통된 도서 중 가장 많이 번역된 언어

영어	6,993권	60.2%	총 번역수의
일본어	1,296권	11.2%	
독일어	714권	6.1%	
이태리어	511권	4.4%	
스페인어	450권	3.9%	
스칸디나비아어	260권	2.2%	
러시아어	118권	1.0%	
중국어	102권	0.9%	
네덜란드어	96권	0.80%	
아랍어	89권	0.8%	

출처: 2012년 프랑스 도서국

위의 차트에서 보듯, 한국작품의 번역은 언급되지 않고 있다. 한국작품의 번역은 공식적인 통계에 나타나지 않는다. 여러 출처에 의하면 한국작품의 번역은 0.1% 언저리일 것이다. 한국은 한국문학번역원(Lti Korea), 대산문화재단 등 두 곳을 통해 픽션(장편과 단편소설) 문학작

품의 번역과 출간을 지원해주는 시스템을 가지고 있다. 이 문학작품들은 번역과 관련하여 주요 외국 국가에서 상당한 수준을 유지하게 해주었다. 이전에 재단들은 번역할 작품을 선정해서 번역을 지원했다. 한국은 번역 파트너를 지정하도록 했는데, 이는 한국인들이 언어의 수용에 대한 숙련도가 부족하고, 프랑스 교정자들이 한국어와 한국문화를 완벽하게 알지 못한다는 이유에서이다(이러한 상황은 새로운 세대의 번역가들과 번역 양성프로그램으로 인해 바뀌는 중이며, 특히 한국문학번역원에서 그러하다). 번역가들은 우선 이 책을 출간해 줄 출판사를 찾아야만 했다. 출판사들은 번역물 출간 시 제작 지원금을 받았다. 그러나 때로 출판사에 제안한 작품들은 작품의 질적 수준에 상관없이 그들의 기대에 부합하지 않았다. 이러한 상황으로 인해 제작이 지연되기도 했다. 이런 경험을 지켜보고 재단들은 출판사들이 스스로 출간하고 싶어 하는 작품을 선정하고 번역자를 선발하도록 하였다. 아쉽게도 이 시스템이 더 개방적임에도 불구하고, 출판물의 양은 조금밖에 증가하지 않았다.

비상호적인 영향

어떤 프랑스 작가가 한국에서 수백만 권을 팔 때, 한국문학은 프랑스에서 자리 잡는데 어려움을 겪고 있다. 프랑스 작가 베르나르 베르베르(Bernard Werber)는 한국에서 무라카미(Murakami)보다 앞서 750만권의 책을 팔았다. 베르베르는 2006~2016년까지 10년 동안 한국에서 가장 많은 책이 팔린 작가이다. 네 번째 순위에 2백만권의 책을 판매한 기욤 뮈소(Guillaume Musso)가 있고, 아멜리 노통브(Amélie Nothomb)와 아니 에르노(Annie Ernaux) 역시 많은 책이 팔린 작가들 중 하나이다. 프랑스에서 한국소설은 겨우 13,000권을 넘어섰는데, 이것도 가제본한 책에 비해 덜 비싼 문고판이다. 이마저도 벌써 6~7년 전의 일이다. 그렇기는 하나 이 두 국가의 문학이 거의 비슷한 상황에 처해 있다. 전반적인 독서의 감소, '편안한' 독서로 인한 '교양' 독서의 감소, 책이 갖는 상징적인 힘의 쇠퇴 등이다.

많은 한국작가들이 사르트르, 카뮈, 주네 등 프랑스 작가들에 의해 영향을 받았다고 밝히고 있는데, 그 반대는 그렇지 않다. 한국문학은 프랑스에서 알려지지 않아 애를 먹고 있다. 두 나라 간의 언어적 간격이 문화적 거리를 가져온 것이다. 프랑스에서 한국은 과학기술의 성과와 북한과의 문제, 또는 급격히 확산되는 K-pop과 드라마 같은 산업화된 문화상품으로 알려져 있다. 물론 이 '소프트 파워'는 세계무대에서 한국의 존재감을 명확하게 향상시켜 주었으나, 이 존재감이 한국문학에 영향을 끼치기에 충분한 질적 수준을 갖고 있는지는 불분명하다. 놀랍게도 한국영화는 프랑스에서 자리를 잡았으며 칸느영화제에서 수상하기도 했다. 하지만 문학은 이 혜택을 받지 못했으며, 문학 그 자체에 내재된 동기에서 보면 한류가 가져온 혜택을 누리지 못했다.

출판의 물결

프랑스 내 한국의 출판은 세 가지 주요한 유형이 있다(잡다한 출판은 제외하고 첫 번째 물결은 19세기로 거슬러 올라간다). 첫 번째 물결은 1990년대 이문열, 이청준, 최윤, 김승옥, 최인훈, 최세희 등과 함께 시작되었다. 이 작가들은 이 분야에서 선구자적인 악트 쉬드(Actes Sud) 출판사를 통해 출간했으며, 이 출판사는 한국문학의 진정한 역량을 느끼기 위해 한국역사에 대해 잘 알아야 한다는 취지에서 기념비적이고 영향력 있는 한국문학을 경험하도록 해주었다. 만일 이 작품들의 소재를 구성하고 있는 역사적 사건들에 대해 모른다면 과연 이 작가들의 작품을 이해할 수 있을까? 물론 세계 모든 문학은 같은 입장이지만, 사람들은 한국문학이 얼마나 문학과 역사의 관계가 밀접한지에 대해 안다면 훨씬 더 잘 이해하게 될 것이다. 특히 지난 세기에 대해 말해서이다. 우리는 이 작품들에서 한국이 아픈 과거에서 빠져나오려고 애쓰고 고통을 겪은 것을 깨닫게 된다. 또한 한국이 산업 국가를 향해 매진하고 이 산업화로 인해 빚어진 폐해들에 대해서도 말이다. 장엄한 문학은 역사적 준거와 불가결한 텍스트 상호성이 작품의 배경을 더 잘 포착하고 독자들의 이해도를 넓혀주기 위해 이 둘이 서로 충돌하는 것은 독자 세대를 위한 것이다. 비록 이 시기에 대한 조사가

1990~2000년대 악트 쉬드(Actes-Sud) 출판

이루어지지 않는다 해도 이 문학타입에 대해 확실히 가장 민감한 다수의 독자인 시민들에게 물어보고, 다른 외국문학만큼 호기심을 자아내는 문학의 가설에 따라 논리를 만들어내는 것은 가능하다.

두 번째 물결은 2000년대 황석영, 이승우, 김영하, 은희경 같은 작가들에 의해 나타나는데, 이들은 대부분 줄마(Zulma) 출판사와 뒤이어 피키에(Picquier) 출판사에 의해 출간되었다. 다른 문학적 감수성을 지닌 새로운 세대의 작가들은 프랑스 독자에게 한국문학에 대해 다른 인식을 주었는데, 이 시기는 한국이 독재정권의 시대, 민주주의의 탄생과 소비사회의 출현을 겪은 뒤의 역사적인 순간이었다. 한국은 예전보다 세상에 대해 훨씬 더 개방적이다.

2000년대 줄마(Zulma) 출판사의 책들

세 번째 출판시리즈의 물결은 피키에(Picquier) 출판사의 지원 아래 이루어졌는데, 이는 오로지 한국문학만을 위해 드크레센조(Decrescen-zo) 출판사가 김애란, 편혜영, 김중혁, 한유주, 박민규 등 젊은 작가로 불리는 이들을 소개하기 전이다. 2012~2017년까지 5년간 프랑크 드크레센조(Franck de Crescenzo)가 이끌던 드크레센조 출판사는 오늘날 피키에 출판사와 함께 가장 많은 한국작품 목록을 구성하고 있으며 50여 권을 출간했다.

그 후 악트 쉬드(Actes Sud) 출판사는 매해 한, 두 작품을 출간했으며, 줄마 출판사는 더 이상 한국작품을 출간하지 않고 있다. 오늘날 피키에와 드크레센조, 두 곳이 한국작품을 정기적으로 출간하고 있는 출판사들이다. 물론 이 간략한 개괄을 통해 아지아테크(Asiathèque), 세르주 사프랭(Serge Safran), 아틀리에 데 카이에(Atelier des Cahiers), 이마고(Imago), 브뤼노 두세(Bruno Doucey), 르 세르팡 아 플륌(Le Serpent à plumes), 시르세(Circé), 블랭(Belin) 같은 출판사들이 정기적 혹은 간헐적으로 한국문학을 출간한 것을 잊어서는 안 될 것이다.

필립 피키에(Philippe Picquier) 출판사

우리는 번역된 현대문학의 한 부분에서 나타나는 서로 다른 세 가지 출판세대를 살펴보게 된다. 한국 고전작품은 대부분 번역되지 않았다는 것을 주목해야 한다. 몇 개의 예외를 제외하고, 고전시, 전통 종교, 고전 허구작품이 많은 중국 및 일본문학과 반대로 이전 세기의 작품들이 번역되지 않았다. 인문학과 사회학 출판 현황은 거의 존재하지 않는다. 보여지는 책 그 자체만으로도 상당히 희귀한 일이다. 한국의 고전과 현대사상, 세상을 움직이는 거대 담론을 인지하지 못하고서 어떻게 한국문학을 이해하고 평가할 수 있을까? 물론 한국경제나 북한 관련 몇몇 책들이 선보이긴 했다.

2012년 이후 50권 출간한 드크레센조(Decrescenzo) 출판사

장르

한국에서 작가들이 첫발을 내딛는 주류 장르인 소설은 프랑스에서는 오래전부터 관심 받지 못한 분야이다. 프랑스가 비록 걸출한 소설가들을 배출했지만, 문학비평이 언론 등에서 별로 관심 받지 못하고 서점은 전집을 파는 것을 꺼릴 정도로 소설 장르는 진부해졌다. 드크레센조 출판사가 2년 동안 8편의 한국 소설집을 출간했음에도 불구

하고, 소설 관련 문학상은 적으며 수상자들에 대한 인식도 매우 낮은 편이다. 이 분야 관련 잡지도 거의 없으며, 언론은 더 이상 연재물이나 단편소설을 게재하지 않은지 오래되었다. 앨리스 먼로(Alice Munro)가 수상한 노벨상은 아무것도 바꾸지 못했다. 프랑스에 첫 출간하는 한국작가는 소설집을 통해 알려질 수 있는 기회가 좀처럼 없다. 프랑스에 이미 출간한 알려진 작가도 마찬가지이다. 소설 문집은 몇몇 전집들이 괜찮게 팔린 몇몇 예외를 제외하고 서점의 열정적인 반응을 얻긴 힘들다. 그러나 이런 시대도 지나간 듯 보인다.

한국은 반대 현상이다. 젊은 작가들은 소설로 시작하고 이 장르에서 재능을 발휘하여 유명해진다. 신문들은 소설을 게재하고 문학상은 소설가에게 바쳐지며, 출판사는 입증된 재능에 따라 작가를 선택하게 된다. 긴 스토리를 지닌 소설은 불가피한 여파로 젊은 한국작가들에게 커다란 어려움으로 다가오는데, 이들은 다른 외국작가와 달리 단편문학을 더 편안해 한다.

역설적인 독서의 감소

PR Newswire 언론이 책을 가장 많이 읽는 30개국을 조사한 것에 의하면, 프랑스는 일주일에 한 사람이 6시간 54분을 독서하여 9위를 차지하였다. 이에 비해 한국은 3시간 6분으로 일본과 미국 다음인 마지막 30위를 차지하였다.

국가별 독서율

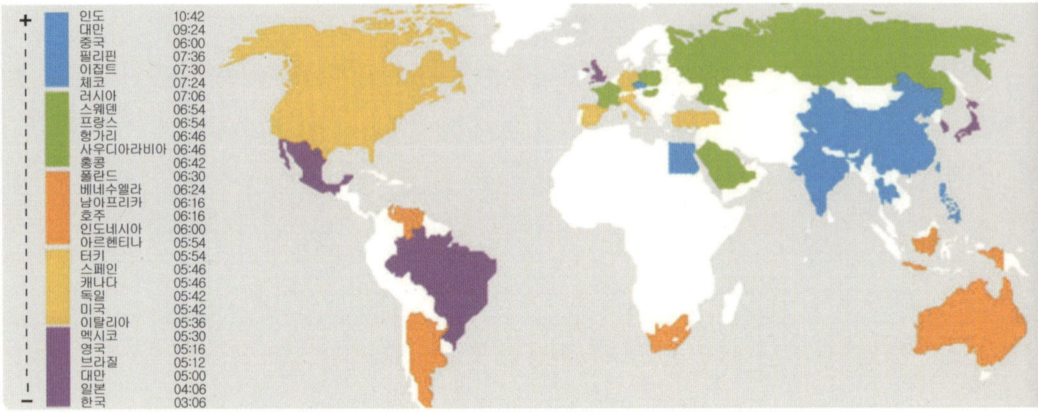

현재 한 가지 요소가 두 나라에 나타나는데, 이는 기분전환용 독서로 인해 교양 독서가 감소한 것이다. 통계는 이러한 점을 명확하게 보여주고 있다. 프랑스 독자는 감소하는 추세인데, '다독가'들도 감소하고 있다. 1982년 프랑스에서 1년에 25~50권의 책을 읽는 다독가들은 18%였다. 1973년에는 프랑스인의 28%가 1년에 20권 이상의 책을 읽었다. 2008년에는 16%에 지나지 않는다.

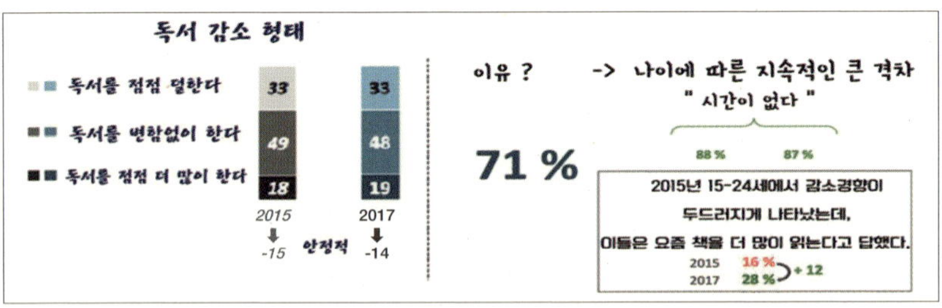

출처 : Game changers, 1PSOS

다독가들의 비율은 계속 감소하는데, 이것은 50세 이상 독자들이 노령화(대체 불가함)되었거나, 60세 이상 시니어들이 과거보다 여가활동에 더 쉽게 접근하기 때문이다. 친구인 어떤 작가는 "사람들이 책을 읽는 것보다 더 잘할 수 있는 것을 찾았다."라며 애석하게 말했다. 가정의 소비생활에 관한 정기적인 연구가 보여주듯, 프랑스인들은 다양한 여가활동을 하고 있으며 독서는 문화상품 소비에서 적은 비율을 차지하고 있다.

가정 내 도서 구입량

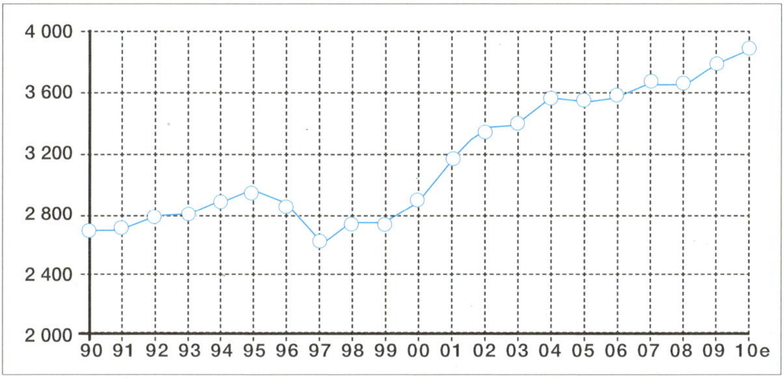

Xerfi 평가(프랑스국립통계경제연구소(INSEE) 역대 자료, 가정 소비생활)

문화상품 및 서비스부문의 가정 내 소비생활에서 도서가 차지하는 비율

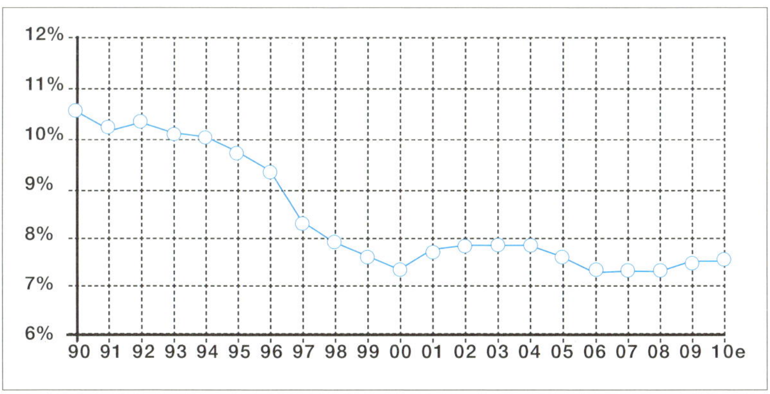

Xerfi 평가(INSEE 역대 자료, 가정 소비생활)

앞의 두 그래프는 곡선이 거의 일정한 비율로 뒤바뀌고 있는 것을 잘 보여주고 있다. 1990년대부터 문화상품과 서비스의 소비가 일정하게 증가함에도 불구하고 도서의 소비비율은 계속 감소하고 있다. 같은 기간 프랑스인들은 1990년에 도서구입 관련 문화예산의 10.5%를 썼는데, 20년 후에는 7.5%만 쓰고 있다.

한편 프랑스 통계방식이 바뀌었다. 이전의 다독가는 1년에 적어도 25권의 책을 읽는 것이었는데, 오늘날 다독가는 1년에 20권을 읽는 방식이다.

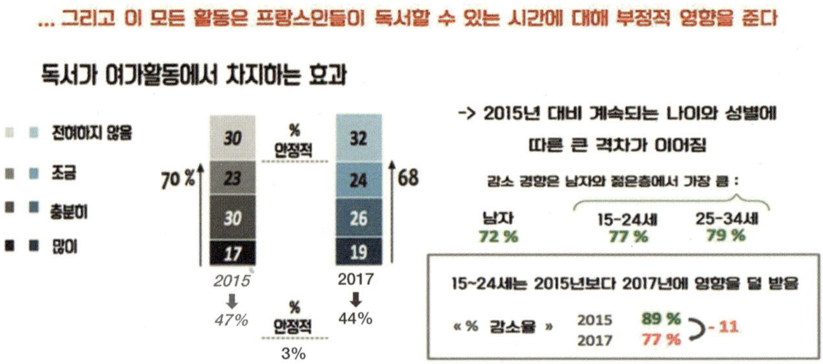

출처 : 프랑스 국립도서센터, 2017년 프랑스인과 독서

통계를 넘어 이것은 책이 갖는 상징적인 힘의 상실을 명확하게 보여준다. 마지막 수치는 더 이상 변별할 수 있는 요소가 아니다. 이 확인된 사실은 공부나 일반적인 삶에서 더 이상 성공의 요소로 평가되지 않음을 보여준다. 세상의 기술, 경제적 시각과 관련하여 문화에 대한 공리주의적 개념은 확실히 책이 권위를 상실해가는 것을 부추겼다.

교양 독서의 감소(사람들은 고전과 명작을 덜 읽는다)는 '기분전환용' 독서를 위한 것이다. 이 기분전환용 독서는 독자에게 별다른 부담을 주지 않고, 책에 대해 기억할 필요도 그리 없으며 문학의 특성인 개인적 변화를 조금이나마 이끌어준다. 역설적으로 기분전환용 독서는 어쨌든 독자에게 교양 독서만큼 강한 상징적인 지위를 부여해준다.

이러한 인식이 소외된 의견은 아니다. 독서가 꾸준히 감소하고 있기는 하나, 이 점에 대한 프랑스인들의 인식은 다른 편이다. 한편 다음 그래프는 명확히 설명해준다.

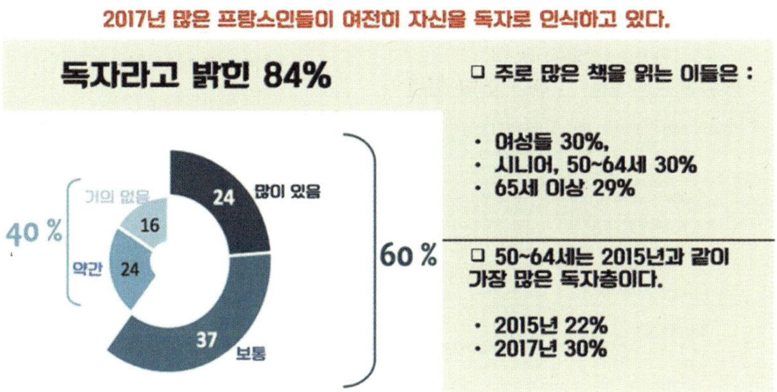

출처 : 프랑스 국립도서센터, 2017년 독서 통계

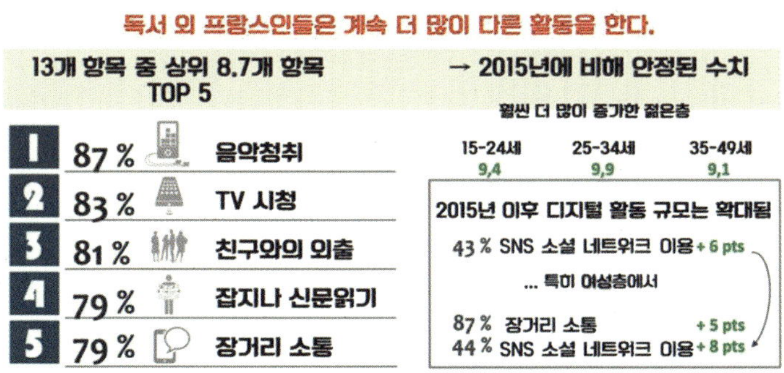

출처 : 프랑스 국립도서센터, 2017년 독서 통계

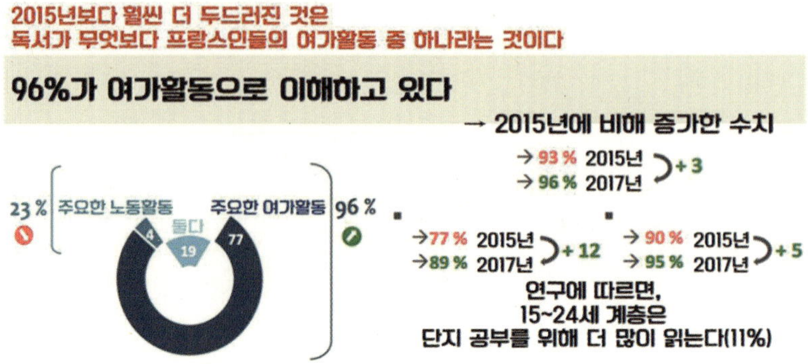

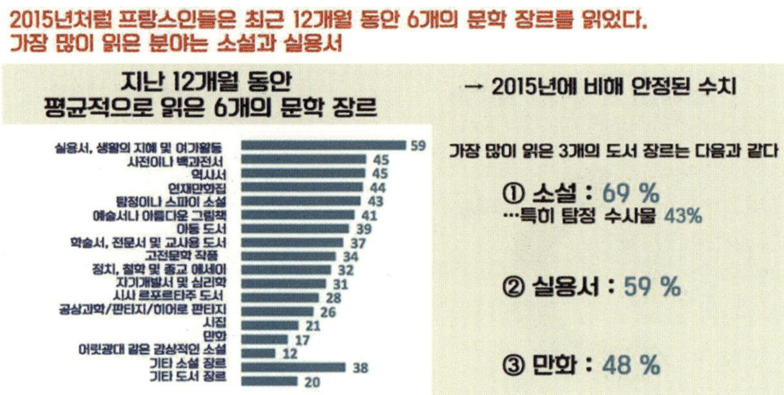

출처 : 프랑스국립도서센터, 2017년 독서 통계 '무엇을 읽으세요?'

한국 문학작품의 증진

이런 불리한 상황에서 많은 도서 담당자들은 한국 문학작품을 증진시켜야 할 필요성을 주장하며, 일반적으로 언론이 이 증진시키는 일을 맡아야 한다고 언급했다. 언론 외에 다른 방법은 없다. 모든 사람들이 더 잘 팔리는 것이라고 말하는 현대적인 취향만을 추구한다면, 소수 문학이나 더 접근하기 힘든 책들은 언론의 관심을 받지 못한다. 또 다른 담당자들은 미디어 관련 활동을 다양화해야 할 필요성을 내세운다. 만일 실제로 전문 언론이 과거보다 덜 영향을 끼친다던지, 신중한 독자들이 선택하기 위해 언론을 덜 필요로 한다면, 언론의 다양화에 대한 방책이 필요할 것이다. 따라서 실용적이거나 전문화된 언론이나, 여성지(독자는 우리가 알고 있듯 대체로 여성들이다) 언론인들에 대한 활동이 나타나야 한다고 본다.

한국문학에 사람들을 끌어들이기 위한 상(賞)과 문화 살롱은?

어떤 사람들은 한국이 언젠가 노벨문학상을 받게 되면, 이 상은 세계적으로 한국문학의 운명을 개선시키는데 있어 '견인차'가 될 것이라 생각한다. 이는 분명 가정일 뿐이다. 그러나 경험에 비춰보면 노벨상이 어떤 문학을 세계적인 문학의 반열로 이끄는 것을 보증해주지 않는다는 것이다. 터키, 핀란드, 세르비아, 이집트가 우리에게 이런 점을 상기시켜 준다. 노벨문학상이 이들 국가에 주어졌으나, 그렇다고 해서 이 나라들의 문학이 그만큼 발전한 것은 아니다. 예를 들면 오르한 파묵(Orhan Pamuk) 같은 작가의 세계적인 명성과 문학을 통해 형성된 독자층을 혼동해서는 안 된다. 게다가 노벨상 수상 통계를 보면 세계를 주도하는 언어가 글자 그대로 이 상을 독차지하는 것을 확인하게 된다. 영어, 프랑스어, 독일어, 스페인어 등 4개의 언어가 노벨문학상의 45%를 차지하고 있다. 고은 시인이 수상 후보로 자주 거론됨에도 불구하고 유럽은 이 상에서 중심적인 지위를 확고히 하고 있다. 더불어 한편 유명한 작가들(여전히 유럽인), 예를 들어 필립 로스(Philip Roth), 밀란 쿤데라(Milan Kundera), 클라우디오 마그리스(Claudio Magris) 같은 이들이 여전히 스웨덴 한림원에 알려지지 않은 것도 고려해야 할 것이다.

2016년 한국은 파리도서전 주빈국이었다. 모든 문학 장르를 대표하는 30명의 작가들이 나흘 동안 소개되었다.[2] 만약 이 행사가 전문가들의 호평을 받았다면, 도서전 이후에 대한 기대감을 갖게 되었을 것이다. 결국 한국 문학은 프랑스에서 도약하였을까? 우리는 문학분야에 대한 경험들이 서로 상이하다는 것을 잘 알고 있다. 주빈국으로 초청 받은 몇몇 국가들은 도서전이 끝나고 나서 계속 이어지는 가시적인 성과를 얻었다. 반대로 다른 국가들은 도서전 이전 상태로 되돌아가고 말았다. 한국문학은 결과적으로 결실을 맺지 못했다. 도서전을 앞 둔 몇 달과 도서전이 개최되는 한 달 동안, 출판물의 양은 놀라우리만치 증가했다. 출판사들은 이 놀라운 독자층의 효과를 보고 싶었다. 그러나 도서전 이후 한국출판물의 수와 판매는 급격하게 감소하고 만다. 도서전은 일시적인 열광이었을 뿐이다. 2016년 상반기 동안, 언론은 한국도서에 대한 소식을 꾸준히 전했다. 도서전이 끝나고 나서, 언론의 평들은 드물어졌다. 이 흐름은 2017년도에도 마찬가지이다.

프랑스내 도서 배급과 유통

책에 대한 독자들의 반응은 도서의 경제적, 물류적 상황을 고려하

2) 당시 본인은 파리에 30명의 한국작가 초청을 기획하기 위해 프랑스국립도서센터장의 자문으로 임명된 바 있다.

지 않고 분석할 수는 없다. 특히 도서가 독자에게 이르는 경로 말이다. 도서의 수명을 부분적으로 좌지우지하는 것은 배급과 유통망이다. 모든 출판사가 배급하지 않으며, 그들 중 소수만이 국내나 해외를 책임지는 배급사의 혜택을 받게 된다. 이는 곧 국내 배급사 없이 도서가 독자한테 전달되는 기회가 거의 없다는 것을 의미한다. 왜냐하면 배급망은 도서 선별이나 진열, 표제에서 중요한 역할을 하기 때문이다. 온라인 판매는 이 역할을 하지 못한다. 소수 출판사만이 이 배급사 혜택을 누리게 된다. 예를 들면 피키에(Picquier)나 드크레센조(Decrescenzo) 출판사 같은 경우이다. 이는 출판사가 더 많은 서점에 소개될 수 있는 가능성을 갖는다는 것을 뜻한다. 프랑스내 25,000개 서점 중, 3,000개만이 도서 판매에서 중추적 역할을 하고 있다.

1994~2012년 프랑스 내 도서구매 장소(%)

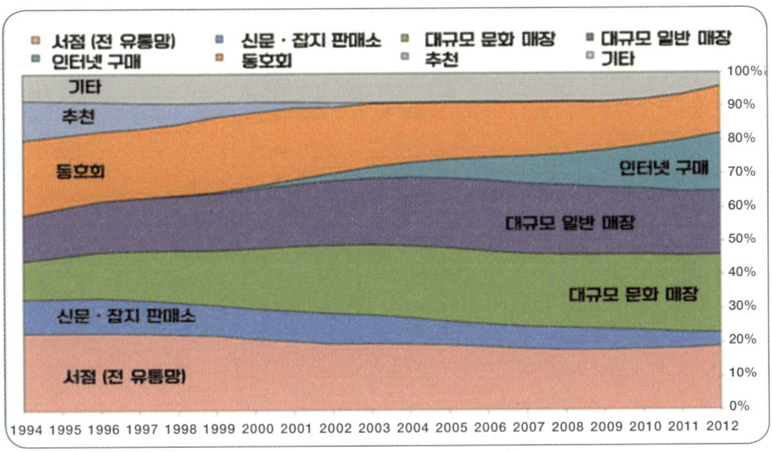

출처: 프랑스출판협회(SNE)

이 서점들이 도서의 운명을 쥐고 있다. 프랑스에서 배급자는 서점, 대규모 문화매장, 또는 대형마트 같은 판매망의 도서 판매를 담당하고 있다. 4~5개의 거대 배급사들이 시장을 분할, 점유하고 있다. 이 배급사들의 역할은 상업적인 것이다. 배급사는 판매 대리점의 도움으로 매달 또는 거의 한 달에 한번 정도 본인이 담당하고 있는 출판사의 책을 서점에 소개한다. 담당직원이 마지막 책까지 서점에 소개할 만큼 아주 특별한 순간을 여러 번이나 목격할 수 있었다. 서점은 1년 동안 약 70,000 종의 신간 소식을 접하게 된다. 서점이 책 한 권당 할애할 수 있는 시간이 제한받을 수밖에 없다고 해도 과언이 아니다. 출판사의 명성이나 언론에 대한 출판사의 영향력, 출판사 광고, 또는 담당직원의 증언이나 개인적 견해, 문학작품에서 나타나는 표현 등 일련의 매개변수들이 작용하는데, 이 변수는 서점이 도서에 대한 견해를 갖도록 이끌어준다. 서점은 이 도서를 선택하는 것과 이 도서가 수지타산에 맞아야 하는 경제적 압박 사이에서 고민하게 된다. 그렇지 않으면 진열대의 부족으로 책은 아주 빠른 시간에 잔품 처리될 것이다. 설령 담당직원이 개인적으로 좋아하거나 팔고 싶은 도서에 대해 오랫동안 설명하고 싶다 해도, 담당직원은 모든 출판사를 동등하게 대해야 하거나, 그가 전개할 논증의 시간은 다른 출판사의 도서를 희생시키게 된다. 아니면 때로 도서에 대한 확신이 별로 없는 서점은 해당 도서에 기회를 주고 싶어 해도 단 한 권의 샘플만 받아들일 것이다. 그러면 도서는 사무실에 내버려지게 된다. 왜냐하면 그 도서는 서점의 진열대에 올려지지 않을 것이며, 더 팔기 힘든 매장 구석에 고이 머물게 되기 때문이다. 접근이 어려운 도서나 신생 문학들은 서점에서 눈에 띄는 기회를 거의 잡지 못한다는 것을 알고 있다. 절반에 가까운 판매가 서점이나 대규모 매장에서 이루어지고 있다는 것도 말이다. 서점이 아무리 강한 의지를 갖고 있다 해도, 그다지 판매에 도움이 되지 않는 책을 오랫동안 갖고 있을 수는 없다. 그만큼 '소수' 문학은 눈에 띄는 기회를 잡기 힘들어진다.

또 다른 점은 모든 문학이든지, 특히 '소수' 문학에 대한 믿음이 사라지는 것이다. 매해 문을 닫는 서점의 수와 관련되어 있다. 한국의 수치는 프랑스만큼이나 우려할만하다. 낙관주의자들은 다수의 대규모 문화매장이 늘어나서 전통적인 서점이 사라지는 것을 보완해준다고 이해하고 있다. 그렇지만 이는 사실이 아니다. 왜냐하면 실상 문학, 즉 다시 말해 서점이 필요로 하는 도서들은 문화상품을 파는 대규모 매장보다 전통적인 서점에서 더 좋은 반향을 일으키고 있기 때문이다.

한국문학이 주목받는데 있어 어려움에 처한 이 자료들은 우리를 또 한편 중개자의 역할에 대해 생각해보게 한다. 한편 문학의 운명은 그것을 지탱하고 유지하는 네크워크에 달려있기도 하다.

소매 도서분야 전문매장 수
(매장 수)

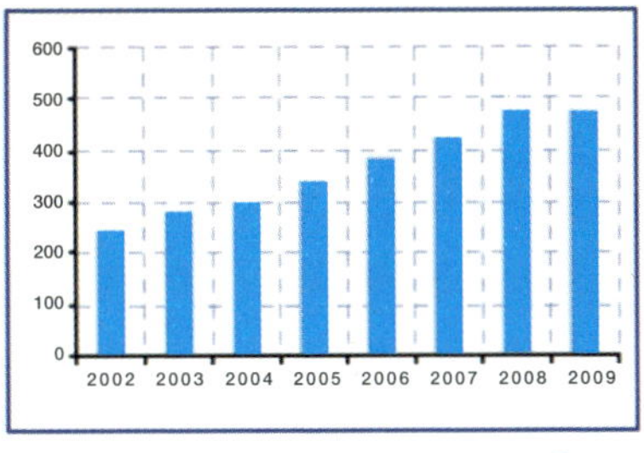

문화와 여가활동 전문 대규모 매장
(판매처 수)

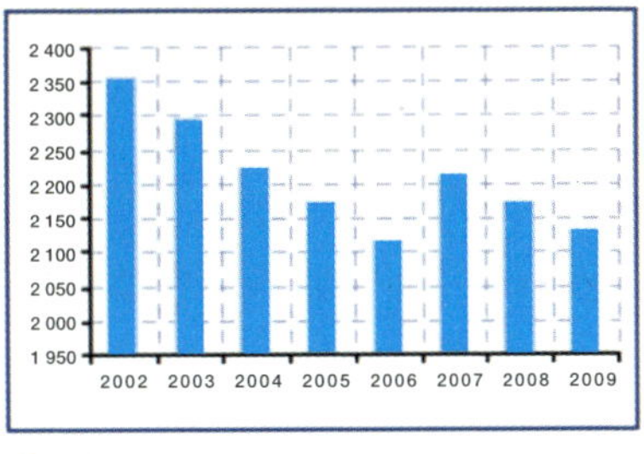

출처: Xerfi 700

한국어와 한국문학에 대한 엑스 지방에서의 시도

한국어 교육과 한국문학은 엑상프로방스(Aix-en-Provence)에서 같은 역사를 지니고 있다. 한국어 교육은 2003년도에 시작되었으며 아주 빠르게 발전한다. 당시 본인이 이끌었던 국제협상(Négociation Internationale) 석사과정이 유일했는데, 이곳에서 한국어 교육을 담당했다. 겨우 4~5명의 학생이 매주 몇 시간 안 되는 수업을 들었을 뿐이다. 2017년 현재, 한국어와 한국문화는 2개의 한국어 학사과정과 여러 개의 석사과정에서 교육하고 있다. 500명의 학생들이 한국어와 한국문화를 배우고 있는 중이다. 2007년에는 한국어 교수진들이 속한 연구소(IrAsia: 중국, 일본, 한국, 베트남, 태국, 인도를 통합한 아시아 연구소)에서 한국문학이 더 알려지도록 하기 위해 문학, 번역 및 수용 관련 독자적인 연구의 축을 구축하기도 했다.

한국문학잡지: '글마당'

이어서 2009년에는 교수진과 학생들이 '글마당'(www.keulmadang.com)이란 한국문학잡지를 창간했다. 재원이 부족하지만, 인터넷을 통해 홍보한다는 것은 한국문학을 모르거나 서점에 거의 들리지 않는 독자들, 혹은 '잠시 스쳐지나가는' 네티즌을 확보하려는 바람에서 이루어졌다. 8년이 지난 뒤를 평가해보면 아주 만족스럽고 고무적이다. '글마당'은 이제 41호를 펴냈으며, 구독자는 매해 65개국 35,000명으로 추산되고 있다. 이들은 전문가들을 뒤이어 약 5분가량의 검색 시간으로 꾸준히 구독하고 있다.

글마당 사이트 홈페이지

문학자료센터

우리가 한국문학 관련 소박한 자료센터를 설립한지 2년이 되었다. 이 센터는 작가들의 목록, 참조자료, 인터뷰, 다큐멘터리 영화, 영상자료를 포함하고 있다. 80명 작가들의 짧은 소개와 작품들이 이미 온라인을 통해 이루어졌고, 영화도 작가들과 관련된 것들이다. 2017년 연말에는 150명 작가들의 목록이 온라인을 통해 선보일 것이다. 물론 이 센터는 크지 않으며 지원금 없이 운영되고 있다. 그러나 우연히 들른 독자들이나 초급 학생들에게 한국문학에 대한 전반적 개념을 얻도록 도와줄 것이다.

‘글마당’ 책방

인터넷 잡지는 서점용 도서보다 두 배나 더 많이 늘어났다. 4호가 발간되었는데, 그중 2016년 파리도서전 특별호도 포함되어 있다. 현재 5호가 준비 중에 있다. 잡지는 교수와 문학 연구자, 번역가 및 도서 중개상들로 구성된 학술회의를 통해 이루어진다.

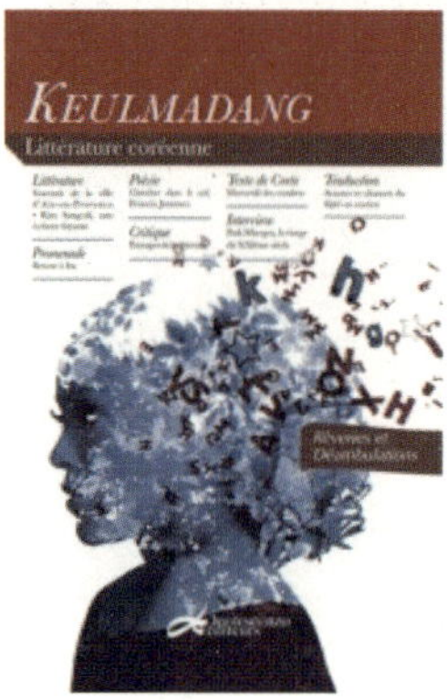

한국작가와의 만남

2008년부터 다수의 한국작가들이 문학도시인 엑상프로방스에 머물거나 초대받았다. 그들 중 이인성, 이승우, 황석영, 고은, 편혜영, 김중혁, 한유주, 김애란, 김영하, 정유정, 최윤, 신경숙, 조경란, 은희경, 정영문, 김사과, 박형수, 김미월, 정찬, 양순석 등이 있다. 또한 출판사 발행인, 문학 평론가, 문학 교수, 언론인 및 임상수, 이창동 등 영화인들도 포함되었다. 몇몇 작가들은 독자들과 교류하기 위해 시테 뒤 리브르(Cité du Livre), 대학 또는 서점 등지에 수차례 방문하였다. 몇몇은 몇 달 동안 엑스에 머무르기도 했다.

유튜브 동영상

엑스를 방문한 작가들의 발자취를 남기고 이들의 흔적을 독자들에게 전하는 것은 개개인들의 기획으로 구성된다. 영상 전문가와 다큐멘터리 전문가들이 자원봉사자들의 도움으로 촬영, 편집, 대화를 나눈다. 은희경, 정영문 관련 다큐멘터리는 이미 유튜브를 통해 온라인 서비스가 이루어졌고, 한유주 관련 다큐멘터리를 제작 중에 있다. 문학포럼도 한국문학번역원(Lti Korea)의 후원으로 엑스에서 전개되었다. 이 기간 동안 문학인 축제가 열렸는데, 2명, 3명 또는 4명의 작가가 매번 늘어나는 청중들 앞에서 초대받아 얘기를 나누었다. 300명의 청중들이 2시간 동안 작가들의 말을 경청했다. 이 포럼은 꾸준히 영상으

엑상프로방스에서 한국작가와의 만남
시테 뒤 리브르(Cité du Livre)내 오디토리움

로 담았으며, '글마당' 유튜브 채널을 통해 선보였다. 편혜영, 김중혁, 한유주, 김애란, 김영하, 이승우, 정유정, 최윤 등이 유튜브를 통해 소개된 바 있다.

출판

'글마당' 잡지는 2009년도에 창간했으며, 이 잡지의 역할은 한국작품을 소개하는 것이다. 특히 신간 서적이 주를 이루는데 모든 장르에 걸쳐 10여 권의 한국 도서가 출간되었다. 어떻게 이 잡지를 느린 템포로 출간하는데 살아남게 할 것인가? 이 질문에 대한 답으로 우리는 한국문학을 전담하는 출판사를 설립하기로 결정하였다. 이 계획을 프랑스 유명 배급사이자 유통회사인 르 쇠이유 볼루망(Le Seuil-Volumen)에 알려 우리 프로젝트에 대한 확신의 답을 받았다(이 계획은 6개월 동안 실현 가능성에 대한 논의를 거친 것이다). 그리하여 2012년 김애란과 김중혁의 두 편의 소설집이 출간되었다. 매해 8권의 도서를 출간했는데, 현재 소설, 에세이, 시집 등 50여 권의 출간도서를 보유하고 있다. 젊은 한국문학이 중요한 시기이므로, 프랑스에서 출간되지 않은 김애란, 김중혁, 박민규, 편혜영, 한유주, 박형수 등의 작품을 출간하였다. 게다가 이인성, 박범신, 이승우, 은희경 등 알려진 작가의 작품도 출간했으며, 정명교의 한국문학에 대한 평론과 혜민스님, 정목스님 등 불교 서적도 출간한 바 있다.

Decrescenzo ÉDITEURS
Accueil Collections Auteurs À paraître Audio et Vidéo Ils en parlent Foreign rights Contact
nos livres disponibles au format numérique
PARK Ji-won
La remontrance du tigre
AU FIL DES JOURS
6-8 octobre 2017 / HAN Yujoo au Festival du livre de Mouans-Sartoux
3-5 juin 2017 / Festival Étonnants Voyageurs de Saint Malo
22 avril 2017 / 14h30 – Musée National des Arts Asiatiques Guimet : La Corée en partage
24-27 mars 2017 – Livre Paris 2017 – Emplacement E76
13 mars 2017 – Cité du livre Méjanes Aix-en-Provence / JEONG You-jeong & LEE Seung-U
DÉJA PARUS
Un impossible conte de fées
Mia et La môme se côtoient sans se connaître. Elles sont camarades de classe. Mia possède tout ce qu'un enfant peut désirer dans la vie, sauf
Histoires insolites de Corée
Six auteurs, six nouvelles. Pour la plupart nés dans les années 70, les auteurs de ce recueil dessinent les nouvelles lignes de force de la

Decrescenzo ÉDITEURS
Accueil Collections Auteurs À paraître Audio et Vidéo Ils en parlent Foreign rights Contact
nos livres disponibles au format numérique
PYUN Hye-young
La forêt de l'Ouest
AU FIL DES JOURS
6-8 octobre 2017 / HAN Yujoo au Festival du livre de Mouans-Sartoux
3-5 juin 2017 / Festival Étonnants Voyageurs de Saint Malo
22 avril 2017 / 14h30 – Musée National des Arts Asiatiques Guimet : La Corée en partage
24-27 mars 2017 – Livre Paris 2017 – Emplacement E76
13 mars 2017 – Cité du livre Méjanes Aix-en-Provence / JEONG You-jeong & LEE Seung-U
DÉJA PARUS
Un impossible conte de fées
Mia et La môme se côtoient sans se connaître. Elles sont camarades de classe. Mia possède tout ce qu'un
Histoires insolites de Corée
Six auteurs, six nouvelles. Pour la plupart nés dans les années 70, les auteurs de ce recueil dessinent les

드크레센조 출판사 홈페이지

2012년 이후 드크레센조 출판사가 출간한 50권의 도서 목록

결론

한국문학을 보호하고 장려하는 활동들은 물론 다음과 같이 요약해 볼 수 있다. 아주 중요한 질문에 대해 논하게 되는데, 예를 들면 해외에 소개되는 작품의 문학적 가치에 관한 것이다. 또한 작가들의 참신한 문체에 대한 것이다. 문학 언어에 있어 세계적인 흐름에 발맞추어 주도하게 되는 (한국어) 번역에 대한 것도 포함하고 있다. 한국문학이 세계문학으로 도약하기 위해 한국어라는 특수성에서 벗어난 언어로 녹아들게 하고, 보편화에 대한 위험을 무릅써야만 하는가? 이것은 또 다른 논문의 주제일 것이다. 프랑스 내 한국문학이 한국 내 프랑스문학이 갔던 길을 언젠가 뒤따라가길 바란다면, 한국문학은 독서가 감소하는 상황에서 책을 팔아야 하는 것을 뛰어넘는 관심의 대상이 되어야 한다. 작품은 당연히 작품에 내재하고 있는 수준에 달려있고, 한국작가들은 우선 전 세계 저명한 작가들의 소모임에 들어가야만 한다. 그러면서 우리 같은 매개자들도 관련되어 있다. 이 일은 논평이나 비평, 출판 또는 문학이나 교육, 번역자료를 제공하고 출판사의 솜씨를 발휘하는 것이다. 본인은 이것을 문학적 활동이라 부르는데, 이 활동의 의미는 '상황을 변화시키는 것'을 뜻한다.

참고문헌

Casanova Pascale, La langue mondiale: Traduction et domination, Seuil, Paris, 2015.

Casanova Pascale, La république mondiale des lettres, Seuil, paris, 2008.

Jeong, Myeong-kyo, Un désir de littérature coréenne, Decrescenzo, Fuveau, 2016.

Bessard-Blanquy, Olivier (sous la direction de), Les mutations de la lecture, Les Cahiers du livre, Presses Universitaires de Bordeaux, Bordeaux, 2012.

Picard, Michel, (sous la direction de) La lecture littéraire, Clancier-Guenaud, Paris, 1987.

Trouvé, Alain, Le roman de la lecture, critique de la raison littéraire, Mardaga, Bruxelles, 2004.

민중의 상상력과 아프리카 모더니티:
콩고민주공화국의 민중화를 중심으로

심지영 _한국방송통신대학교 불어불문학과 교수

민중의 상상력과 아프리카 모더니티: 콩고민주공화국의 민중화를 중심으로

서론

최근 프랑스학 전공자들을 중심으로 프랑스어권 아프리카에 대한 관심이 증가하고 이에 대한 다양한 연구가 진행되고 있는 가운데, 인문학에서는 식민이후 아프리카의 정체성에 대한 문제가 중점적으로 연구되고 있다. 프랑스어권 아프리카는 프랑스에 의해 강력한 문화 동화주의 정책에 기반을 둔 식민 지배를 받았다는 역사적인 특성 때문에, 영어권 아프리카 국가들에 비해 문화적인 면에서 식민의 상흔이 많이 남아있다. 달리 말하면, 식민지에서 토착 대표들의 권위와 문화를 인정하는 간접통치 방식을 채택했던 영국과는 달리, 프랑스나 벨기에는 도시 중심에 위치한 중앙 집권적 행정부가 동화 정책을 강조하는 직접통치 방식을 취했는데, 이는 독립 이후에도 식민을 경험했던 사람들의 정체성에 큰 혼란을 주었으며, 신생독립 국가들이 스스로 자립하는 데에 큰 어려움을 겪는 결과를 낳았다.

적도 아프리카 지역에 위치한 콩고민주공화국[1]은 흑아프리카에서

1) 콩고민주공화국은, 콩고강을 경계로 프랑스의 식민 지배를 받았던 콩고공화국

가장 면적이 넓은 국가로서, '콩고자유국(Etat indépendant du Congo)라는 이름을 갖고 있던 1885년부터 벨기에령 콩고(Congo belge)가 끝난 1960년까지 70년이 넘는 기간 동안 벨기에의 식민 지배를 받았다.[2] 제국주의의 역사를 통틀어 가장 폭력적인 식민지배자로 잘 알려져 있는 벨기에의 레오폴드 2세(Léopold II, 즉위기간 1865-1909)의 가혹한 착취시기를 거쳐, 벨기에령 콩고라는 이름으로 약 50여 년간 벨기에 정부의 식민 지배를 당했던 콩고민주공화국은, 독립한 지 거의 60년이 다 되어가는 오늘날에도 식민지배의 상처와 폭력적 역사의 여파를 여전히 안고 있는 듯이 보인다. 이는 프랑스의 지배를 받았으며 콩고강을 두고 이웃해 있는 콩고 공화국과 비교해 보면 더 명확히 알 수 있는데, 벨기에에 의한 식민지배가 시작된 시기부터 콩고민주공화국은 레오폴드 왕의 사유지로 취급되었기에 식민지 경영이 거의 이루어지지 않았기 때문이다. 독립 이후의 콩고민주공화국은 국토 234만km^2에 인구 7,000만을 가지고 있는, 한반도의 10배 면적의 대국으로 풍부한 자원을 보유하고 있지만, 경제적으로는 고채무 최빈국, 그리고 정치사회적으로는 취약국가로 분류되고 있다. 이 같은 상황은 독립 이후 국가 개발의 실패와 장기집권의 폐해에서 비롯된다. 식민을 경험한 많은 아프리카 국가들 대부분이 이와 유사한 상황에 처해있는 것은 사실

과 마주하고 있다. 두 개의 콩고는 서로 다른 국가이지만, 논문에서 편의상 '콩고'라는 짧은 표현은 모두 콩고민주공화국을 지칭함을 알려둔다.

2) 공식적으로 '벨기에령 콩고Congo-Belge'라는 이름의 식민지가 된 것은 1908년부터이나, 이미 1876년부터 레오폴드 2세의 식민지 건설과 착취가 시작되었으므로, 벨기에에 의한 실질적인 식민 지배는 이 시기부터 시작되었다고 볼 수 있다.

이지만, 콩고민주공화국의 경우 자원이 매우 풍부하다는 강점 때문에 여전히 벨기에를 비롯한 서구 열강들의 간섭과 개입이 계속되고 있으며, 내적으로는 400여 개가 넘는 부족이 통합되지 못하여 갈등과 내전이 끊이지 않고 있다. 국가 시스템의 부재, 독재와 부정부패, 경제적 빈곤, 계속되는 내전과 혼란 등과 같은 열악한 환경 속에서 콩고인들은 '헌법 제 15조'[3]는 '알아서 요령껏 살아가라Débrouillez-vous'라는 자조적인 농담을 만들어내며, 생존과 성공을 위해 수단과 방법을 가리지 않는 삶의 방식을 선택하게 된 듯하다.

[그림 1] 킨샤사 젊은이들의 패션(싸프 Sape)

[그림 2] 킨샤사의 인기그룹 '싸프(Sape)의 치타'

그러나 취약한 정부, 부정부패, 생존경쟁의 열악한 환경 속에서도 콩고인들이 일상에서 만들어내고 있는 문화는 흑아프리카의 유행을 선도하고 있다. 수도 킨샤사의 젊은이들은 아프리카의 패션 지상주의라 할 수 있는 '싸프SAPE(즐길 줄 아는 우아한 사람들의 집단Sociétédes Ambi-

---

3) 콩고인들이 흔히 'article quinze'라 부르는 것은 '남부 카사이 지역 분리주의자의 헌법'이라는 가상의 헌법 15조를 가리키는 것으로 실제로는 존재하지 않는 헌법이다. 윅셔너리를 참고함. https://fr.wiktionary.org/wiki/article_quinze

anceurs et des Personnes Élegantes의 약자)'을 추종하며 아프리카 대륙은 물론 유럽에까지 아프리카 패션을 전파시켰으며, 하루 종일 킨샤사 골목의 바와 카페에서 흘러나오는 대중음악은 전 대륙에 퍼져 유행을 만들어 내고 있다. 현대 문학에서 뿐만 아니라 현대 아프리카 회화에서도 두각을 나타내는 작가들이 많은데, 특히 쉐리 쌈바Chéri Samba, 모케Moké 등 다수의 콩고 작가들이 이미 세계무대에서 잘 알려져 있다. 이렇듯 콩고민주공화국의 수도 킨샤사는 대중들의 일상에 녹아있는 다양한 문화를 통해, 열악한 환경에서 생존 경쟁에 내몰린 개인들이 어떻게 공동의 상상력을 발현하면서 근대화를 겪어 나가고 있는지를 보여주며, 식민 이후의 프랑스어권 아프리카가 처한 현실을 보여준다.

[그림 3] 쉐리 쌈바, 에이즈 예방캠페인(1997)

[그림 4] 모케, 시장풍경(1990)

본 연구는 콩고민주공화국의 수도 킨샤사의 거리에서 등장한 민중화가 콩고의 광고화 혹은 일상 벽화 문화를 기반으로 발전하였다는 것에 주목하여, 민중화에 표현된 민중 상상력을 통해 식민 이후에 나타나는 흑아프리카 모더니티의 단면을 보고자 한다. 특히 아프리카 스스로의 재현은 사회적 역동성을 살펴보는 데에 매우 중요한 요소라는 점을 주지하고, 민중화를 통해 오늘날 식민 이후의 흑아프리카가 처한 현실, 아프리카 근대화의 문제에 대해 생각해 보고자 한다. 콩고의 민중화와 관련해서는 대표적으로 보구밀 주지비스키의 연구[4], 킨샤사의 거리 광고화에 대해서는 필립 파리셀과 렐로 주지의 연구[5] 및 이봉고 질룬굴라의 연구[6]를 참고하였다. 앞의 두 연구가 미술사학의 측면, 즉 역사적인 측면에서 주제를 다루고 있다면, 질룬굴라의 연구는 기호학의 측면에서 90년대 간판화자체의 의미작용에 대해 고찰하고 있다. 이 같은 선행연구들을 참고하여, 본 연구는 선행연구들이 다루지 않은 2000년대 이후의 상황에 좀 더 주목하고자 했는데, 이 부분에 대해서는 2012년 8월부터 2013년 9월까지 1년 동안 네 차례에 걸쳐 콩고민주공화국을 방문하여 수집한 자료들을 토대로 분석하였다. 아울러 방법론에 있어서는, 90년대까지의 민중화의 역사와 발전에 주목한 선행연구를 토대로 미술사학의 방법론을 기본으로 하지만,

4) Bogumil Jewsiewicki, “Peintres de cases, imagiers et savants populaires du Congo, 1900-1960. Un essai d'histoire de l'esthétique indigène”, in *Cahiers d'études africaines*, 1991, Vol 31, Numéro 123, pp.307-326. ; “Une société urbaine “moderne “et ses représentations : la peinture populaire à Kinshasa (Congo) (1960-2000)”, in *Le Mouvement Social,* 2003/3, No. 204, La Découverte, pp.131-148.

5) Philippe Parisel and Lelo Nzuzi, “Kinshasa: Walls That Speak”, in *African Arts,* Vol. 28, No. 3 (Summer, 1995), pp.44-55.

6) Ibongo Gilungula, “Une galerie d'art en plein air: la peinture publicitaire à Kinshasa”, in *Art picutral Zaïrois*, Bogumil Jewsiewicki (dir), Editeur Septentrion, 1995, Coll. EHESS, pp.275-280; *Eléments de la peinture publicitaire de Kinshasa de 1990 à 2000,* Kinshasa, Editions CACP, octobre 2009.

이미지 분석에 있어서는 문화기호학의 개념들을 빌어 광고화와 민중화의 내적인 의미가 어떻게 외적인 맥락과 연결되는지를 중점적으로 다루고자 했다.

1. 민중화 발전의 모태, 킨샤사 광고화

킨샤사는 콩고민주공화국의 수도로서 흑아프리카의 메갈로폴리스 즉 거대도시 중 하나이다. 인구 약 900만, 9900km²의 면적에 인구 약 900만이 살고 있는 도시로서, 아프리카 대륙에서는 카이로와 라고스에 이어 세 번째로 큰 도시이면서, 프랑스어권 흑아프리카 도시 가운데에서는 가장 큰 도시에 속한다. 행정건물이 위치한 중심지구 곰베Gombe 구역을 제외하고는 체계적인 도시 계획이 되어있지 않아, 서민들이 거주하는 주거지역은 늘 수많은 인구가 뒤엉켜 이동하고 거주하는 복잡하고 혼란스러운 모습을 보여준다. 따라서 한때 '아름다운 킨샤사'라는 뜻의 'Kin-la-Belle'이라는 별명이 있었으나 오늘날 가장 흉한 도시 중 하나가 되어버려 '쓰레기통 킨샤사'라는 의미의 'Kin-Poubelle'이라는 별명을 갖게 되었다. 킨샤사는 명확히 다른 두 구역으로 분리되어 있는데, 부유한 유럽인 들이 모여 있는 행정과 금융 중심지구인 곰베 지역과 그 외의 지역으로 나뉜다. 곰베 지역를 제외하고는 전기나 수도 공급이 불안정하고 인프라가 열악하며, 내륙의 각 지방에서 수도로의 이주현상이 계속되고 있어 콩고인들의 주거 지역은 각지에서 상경한 다양한 부족의 사람들이 섞이고 밀집되어 살고 있는 코스모폴리탄 수도, 카오스의 도시의 특성을 보여준다. 400여 개의 부족과, 부족의 수만큼의 다양한 언어와 문화가 킨샤사에 모두 존재하기 때문인데, 공식 언어는 프랑스어이지만 수도에서는 링갈라Lingala어가 주로 사용된다. 곰베 외곽 지역 곳곳에는 게토로 보이는 서민 거주지역이 형성되어 있어, 대부분 벽돌이나 시멘트로 대강 지어진 DIY주택들로 가득하며 한쪽 벽이 아예 없는 건물, 아직 마르지 않아 칠도 되지 않은 건물에도 사람들이 거주하는 모습도 흔히 볼 수 있다. 상하수도 시설, 쓰레기 처리 시설 등이 갖추어 지지 않아 복잡한 거주지역은 시궁창, 쓰레기, 매연, 온갖 오물과 악취로 범벅이 되어 있으며, 특히 도시 외곽에 위치한 공항에서 킨샤사 중심으로 들어서는 길에 곳곳에 형성된 거대 서민 거주지의 모습은 극도로 빈곤하여 이국적이기까지 하다. 장-루 암셀은 킨샤사에 대해 "시신과 같은 건물들은 폐허의 미학, 전쟁 혹은 경제적 재앙이 투사되어 있음을 보여준다"고 묘사했으며 '파괴의 미학esthétique de la démolition'이라는 표현이 킨샤사를 가리키는 데에 가장 적절한 표현이라고 언급한다.[7] 또한 '보들레르 악의 꽃의 콩고적 미학'을 보여주는 곳이 킨샤사이며, 피폐한 이 도시의 모습은 이국성의 미래가 무엇인지 보여주며 세계가 획일화의 위험에 빠져있다는 우려를 안심시킨다고 언급하였다.[8] 그럼에도

7) Jean-Loup Amselle, *L'art de la friche, essai sur l'art africain contemporain*, Flammarion, 2005, p. 38: "la pellicule de cadavres d'immeubles offre par exemple la possibilité de de constituer une esthétique de la ruine, une vitrification du désastre guerrier ou économique."

8) Jean-Loup Amselle, op. cit., p. 39: "Le chantier de démolition, la ruine, le décati, le désossé, le pillé, le bombardé, l'éventré, le dynamité, l'explosé, tout cela pourrait

불구하고 혼란과 카오스의 도시 킨샤사는 '세련된 킨샤사Kin-Kiesse'라는 별명을 그대로 유지하고 있다. 흑아프리카의 유행을 선도하는 패션, 링갈라어로 은간다ngandas라 불리는 테라스가 있는 뮤직 바, '앙비앙쇠르ambianceurs'[9]라고 불리는 댄디족들과 맥주로 대표되는 술은 킨샤사에서 숭배의 대상이다. 쓰레기와 폐허 같은 킨샤사에서도 음악과 춤이 있는 유흥은 밤새 계속되는데, 전기가 들어오지 않는 지역에서는 촛불로 어둠을 밝혀서라도 파티가 계속된다. 낮이 되면 킨샤사는 다시 혼란과 파괴의 모습을 드러내는데, 이런 폐허의 도시에서도 눈길을 끄는 것은 거리를 색색으로 장식하는 광고화와 상점 벽화들이다. 킨샤사의 악명에도 불구하고 '야외 갤러리'[10]라고 불리는 이유가 바로 이런 일상에 녹아있는 거리의 그림 때문이다.

[그림 5] Blue Band 광고화, 직접촬영.

[그림 6] 남녀공용 미용실 벽화, 직접촬영.

bien représenter l'avenir de l'exotisme en ce troisième millénaire commençant, et dont représenter également l'espoir d'un maintien de la différence esthétique et un remède à la hantise d'un monde en voie d'uniformisation."

9) '밤 문화의 유흥을 잘 즐기는 사람'이라는 뜻의 신조어. 윅셔너리 참고. https://fr.wiktionary.org/wiki/ambianceur

10) Ibongo Gilungula, "Une galerie d'art en plein air: la peinture publicitaire à Kinshasa", in *Art picutral Zaïrois*, Bogumil Jewsiewicki (dir), Editeur Septentrion, 1995, Coll. EHESS, pp.275-280.

[그림 7] HE-PI 약국, 직접촬영.

[그림 8] POBEKIN 철물점, 직접촬영.

[그림 9] 옷가게와 잡화점, 직접촬영.

[그림 10] Believe 미용실, 직접촬영.

킨샤사의 광고화가 언제 시작되었는지에 대해서는 여러 의견이 있으나, 주지비스키의 관점을 따르면 이미 식민시대 이전부터 전통적인 마을 공동체에서부터 존재했던 벽화 전통에서 그 근원을 찾을 수 있다. 예로부터 콩고의 마을 공동체에서는 흙집의 벽에 교육적인 성격의 벽화 그림을 그려서 젊은이들을 교육하거나 공동체 구성원들에게 메시지를 전달했다. 이 때 벽화는 자연에서 추출해낸 색채들로 그려졌으며, 주제와 내용은 다양했다. 벨기에에 의한 식민지배가 시작될 무렵에는[11], 군인들, 선교사들, 백인 상인들이 들어와 자행했던

11) Ibongo Gilungula에 따르면, 콩고민주공화국의 역사에서 정치적으로 중요한 사건이 발생한 시점에 따라 몇 개의 시기 구분이 가능하다. 크게 1887년부터 시작

이해할 수 없는 행동, 비이성적인 행동들, 이들의 광기에 대해 고발하고 경계해야 한다는 내용이 그려지곤 했다. 이 전통에서 마을 벽화는 게시판과 같은 역할을 했고, 현안들에 대해 구성원들이 토론할 수 있는 계기를 만들어 주는 기능을 했다. 이 시기의 벽화에 대해서는 1926년에 벨기에인 조르주 티리가 처음 이 지역을 방문했을 때, 벽에 그려진 프레스코화에 감탄하였다는 기록이 남아 있다.[12) 파리셀과 주지의 연구는 전통적인 마을이 사라지고 도시가 형성되면서 공동생활에서 강요하는 제약들이 사라지기 시작했고 더 많은 표현의 자유를 얻게 되었다고 설명한다. 즉, 개개인의 익명성으로 인해 상상력의 자유는 더욱 커졌고, 서로 다른 배경을 갖고 있는 다양한 사람들의 문화가 도시적인 삶 속에 혼합되어 거리의 예술이 더 발전하는 밑거름이 되었던 것이다.[13)]

[그림 11] 콩고 전통마을의 벽화

된 식민전기(précolonisation), 1909년부터 시작된 식민 지배기, 1960년부터 시작된 초기 독립국가 시기, 1965년부터 제 2공화국의 탄생, 1990년에 제 3공화국이 등장하게 된 것으로 구분 지을 수 있다. Ibongo Gilungula, *Eléments de la peinture publicitaire de Kinshasa de 1990 à 2000,* Kinshasa, Editions CACP, octobre 2009, p. 32.

12) G. Thiry, *A la recherche de la peinture nègre*, Liège, Yellox Now, 1982, p. 7: "C'est en 1926 au cours de mon premier voyage au Congo-Belge qu'il me fut permis d'admirer les fresques peintes sur les façades de leurs cases par les nègres."

13) Philippe Parisel and Lelo Nzuzi, *op. cit.*, p. 44.

한편, 재료와 기술적인 면에 있어서는 20세기 초반 벨기에의 영향으로 종이, 색연필, 캔버스, 유화물감, 붓 등이 킨샤사에 유입되었다. 토착 화가들은 흙집의 벽을 장식하던 초라한 프레스코화를 그만 두고 회화, 벽화, 벽지, 일러스트레이션 등에 도전하게 되었다. 특히 1943년에 마크 왈렌다Marc Wallenda라는 벨기에 인이 곰베 마타디Gombe Matadi 미술학교를 설립하여 후에 킨샤사 보자르 아카데미Academie des Beaux Arts로 전환될 때까지 많은 화가들을 배출했다. 이런 분위기 속에서 킨샤사는 민중미술의 도시가 되었으며 아프리카 대륙 전역에서 그림을 그리려는 젊은이들이 몰려들었다. 이 즈음에 제 1세대의 유명한 민중 화가들이 등장하기 시작했는데, 이들은 '킨샤사 스쿨Ecole de Kinshasa'의 화가들로 불리며 아직도 이들의 아뜰리에는 킨샤사에 남아있다. 그림을 배우고자 하는 학생들은 지참금을 지불하고 어린 시절부터 화가들의 아뜰리에에 들어가 도제식으로 교육받는 경우가 대부분이었다. 아직도 킨샤사에 현존하는 아뜰리에들은 거의 대부분 독학으로 그림을 익혀서 솜씨로 이름을 알린 화가가 운영하고 있다. 보자르 아카데미를 제외하면 체계적이고 아카데믹한 미술 교육을 받기 어려운 상황에서, 거리에는 상업적 그림을 그려주고 생계를 유지하는 화가들이 등장했다. 이들은 작은 가게들을 꾸며주고 간판을 그려주는 등의 작업을 하며 근근이 생계를 유지하는데, 화가라기 보다는 장식가들décorateur이라고 불렸다. 대부분 작업실이라는 것이 없이 거리에서 작업을 하는데, 쉐리 쌈바, 모케와 같이 유명한 1세대 민중화가들 모두 이 거리 광고화를 그리던 장식가로 경력을 시작했다.

킨샤사의 광고화를 본격적으로 살펴보면, 광고화에는 다양한 유형이 존재한다. (1) 제품의 상표와 로고를 그대로 그리는 경우(그림 5), (2) 판매하는 대표 상품들을 묘사하는 경우 (그림 7, 그림 8), (3) 서비스 이후의 모습을 재현하는 경우(주로 미용실 그림이 이에 속하며 그림 6, 그림 10), (4) 상징적인 대표 오브제를 그려놓는 경우(그림 6, 그림 7) 가 그것이다. 색상에 있어서는 대체로 원색이 사용되나, 일반적으로 광고화가가 갖고 있는 페인트 색에 따라서 상점의 색상이 결정되기도 하며, 그림의 테마는 종교, 건강, 음악, 미용(미용실, 의상실) 등이 대표적이다. 광고화를 통해 킨샤사 일상 문화를 읽어낼 수 있는데, 그림 7의 약국 이름은 HE-PI(영어의 Happy)라고 붙여 킨샤사의 낙천주의와 아프리카식 유머를 보여주고 있으며, 그림 10의 미용실은 Believe라는 이름을 통해 킨샤사에 널리 퍼져있는 토착신앙이 섞여있는 개신교가 얼마나 일상 곳곳에 녹아 있는지를 알 수 있다. 실제로 많은 가게 이름에 '신 Dieu'이 등장하는데, 철물점 이름의 경우 '신은 모든 것을 보신다 Dieu voit tout', 구멍가게 이름으로 '예수님께 영광 Gloire à Jésus', 선술집의 경우 '신약 Nouveau Testament'과 같은 이름이 등장한다.

킨샤사에서는 상점 간판의 디자인을 어떤 아뜰리에에 의뢰하느냐에 따라서 그림과 글씨체의 스타일이 매우 달라진다는 것을 쉽게 짐작할 수 있다. 1990년대의 킨샤사 벽화에 대해서 연구한 파리셀과 주지는 쉐리 쉐린 Chéri Chérin과 보카펠 Vocapel의 광고화를 분석하면서, 특이하게도 이들의 그림에는 작가가 만들어낸 캐릭터가 등장하는 점을 강조하고 있다.[14)]

14) Philippe Parisel and Lelo Nzuzi, *op. cit.*, p. 47.

[그림 12] 보카펠Vocapel의 광고화, 1991, Philippe Parisel 촬영.

[그림 13] 쉐리 쉐린의 광고화, 1990, Philippe Parisel 촬영.

1991년 미용관련 제품을 판매하는 상점에 그려진 보카펠의 광고화는(그림 12), 화가가 만들어낸 캐릭터를 등장시킨다. 몽지불Monjiboul이라는 이름을 갖고 있는 이 캐릭터는(왼쪽 뒷모습이 보이는 남자) 수도 킨샤사 출신의 기회주의자를 대표하는 인물이다. 도박꾼이자 낙천주의자로 도시의 편리한 생활에 익숙하며, 일확천금의 기회를 잡아 쉽게 성공하길 바라는 킨샤사인을 표상하는 것으로, 성실히 일하지 않고 단순하고 낙천적인 삶을 누리는 몽지불의 캐릭터와 '용이함'으로 해석될 수 있는 'La simplicité'라는 이름의 미용용품점은 조화를 잘 이루는 듯이 보인다. 몽지불과는 대조적으로, 시골에서 수도 킨샤사로 상경한 '촌놈'들은 모우타Moúta라고 불리는데, 모우타들은 한탕주의적 기회만을 노리는 게으른 킨샤사 출신들을 부정적으로 보았다. 이런 맥락에서 70년대 가수 파파 웸바Papa Wemba의 노래 가사에는 "킨샤사의 아이들은 자빠져 있고, 촌놈들만 힘쓰며 일하네"라는 내용이 등장하기도 했다.[15] 실제로 킨샤사의 노년층은 식민시대의 어려운 삶을 경

15) Philippe Parisel and Lelo Nzuzi, *op. cit.*, p. 47 : "Bana Kin bazonga nde sima, bawuta bakoma kotombola Mapeka" (The children of Kinshasa have been pushed

험했지만, 60년 독립 이후에 태어난 세대들은 자유로운 분위기 속에서 유흥을 즐기고 낙관적이고 기회주의적인 세계관을 갖고 있다. 외모의 치장을 매우 중시하는 사람을 가리키는 프랑스어 속어표현 '싸프Sape'라는 용어는 바로 킨샤사의 젊은 세대에서 비롯된 것인데, 이 세대들은 화려한 삶과 돈에 대한 맹목적인 추종, 인생은 아름답다고 보는 낙천적인 삶의 태도를 갖고, 모든 수단과 방법을 가리지 않고 성공을 향해 달려야 한다는 인생관을 갖고 있다. 이런 이유로 킨샤사는 절도와 사기, 협잡, 부정부패 등 모든 사회악이 얼룩진 도시가 되었다. 흔히 '킨샤사에서는 불가능한 일도 없고, 가능한 일도 없다'고 말하는데, 뇌물만 있으면 안 되는 일이 없고, 뇌물이나 연줄이 없으면 가능한 일이 없다는 의미로, 황금만능주의의 킨샤사를 표현한다.

1990년에 쉐리 쉐린이 작업한 미용실 광고화의 경우(그림 13), 화가의 페티쉬와 같은 여성 캐릭터가 사진 오른쪽 상단에 등장한다. 이 캐릭터는 여성 상점주인 연합이라 할 수 있는 여성 권익단체의 일원으로, 킨샤사의 일상에서 부인들의 파워를 상징하는 인물이다. 협동조합의 성격을 갖고 있는 이 조직은 어려울 때 서로 도우면서 필요한 물건을 서로 공급해 주기도 하는, 전통과 현대의 특성을 모두 갖고 있는 독특한 여성 네트워크이다. 특이하게도 이 인물에게는 만화와 같이 말풍선이 달려 있는 것을 볼 수 있는데, 링갈라어로 "내일 최신 유행하는 머리를 해야지"라는 문장이 쓰여 있다. 왼쪽 문 위에 헤어드라이어를 들고 있는 여성 이미지는 콩고의 가수 데쎄 무캉기DéesséMukangi를

aside, the newcomers are now flexing their muscles.)

그린 것으로 알려져 있는데, “아름다운 여성은 즐거움을 두 배로 만들고, 비용을 세 배로 들게 한다.”라는 다소 유머러스한 문장이 함께 쓰여 있다. 킨샤사 여성들에게 미용실은 매우 특별한 공간으로서, 일반적인 중산층 여성의 경우 가발을 바꾸거나 머리를 땋기 위해 매우 자주 방문하는, 여성들의 사랑방과 같은 곳이다. 미용에 대한 킨샤사 여성들의 관심을 보여주듯 미용실 광고화는 이 곳 여성들이 이상적으로 생각하는 모델을 그리는 경우가 대부분이며(그림 10, 그림 13), 종종 솜씨 있는 미용사의 얼굴이 광고화로 그리기도 한다.

캐릭터와 말풍선 등이 등장하는 두 광고화의 사례에서 볼 수 있듯이, 콩고의 민중화는 만화적 전통의 영향을 많이 받았다고 해도 과언이 아니다. 실제로 콩고인들은 만화를 매우 좋아하며, 식민 지배국이었던 벨기에 역시 만화의 강국인 점을 주지하면 킨샤사 일상에 퍼져 있는 만화적 상상력을 이해할 수 있다. 거리 간판에 에르제Hergé의 캐릭터 땡땡Tintin이 등장하는 경우도 종종 볼 수 있으며, 관광객을 상대로 열리는 풍물시장에도 아프리카의 나무 조각상들과 함께 땡땡의 조각상이 함께 판매되고 있는 것을 볼 수 있다. 이런 영향으로 인해 광고화에도 만화적 캐릭터가 등장하고 있으며, 말풍선이나 배경 지문의 역할을 하는 텍스트가 이미지와의 조화를 이루면서 효율적으로, 또 유머러스하게 사용되고 있다.

실제로 도시 곳곳에서 볼 수 있는 벽화에서는 각종 타이포그래피로 써진 텍스트가 등장한다. 전통적 마을 공동체에서 그랬듯이, 도시에서 건물의 벽이나 담장의 벽은 여전히 킨샤사에서 메시지 보드와 같은 역할을 하고 있다. 그림 14는 현재 킨샤사 세무서 벽에 붙어있는 텍스트 메시지로, '나라를 사랑하는 사람은 세금을 낸다Celui qui aime son pays paie l'impot'라는 표어가 쓰여 있는데 부정부패와 사기, 탈세가 공공연하게 일어나는 킨샤사에서 이 표어 문장은 매우 역설적이고 희극적인 요소로 비춰진다. 그림 15의 경우, "젊은이들이여, 에이즈로부터 스스로를 보호하고 어린 나이에 원치 않는 임신을 피하기 위해, 성인들이 성관계를 위해 제안하는 돈이나 대가를 거절하라."는, 젊은 청년들을 상대로 보건 당국의 성매매 근절 캠페인의 메시지가 쓰여 있다. 이와 같은 메시지를 통해, 킨샤사의 어린 소녀들이 얼마나 성매매에 노출되어 있는지 짐작할 수 있는데, 국가 차원의 인권적 보호 장치가 부재한 가운데 마땅한 일거리가 없는 아프리카의 어린 여성들이 생계를 위해 돈을 벌면서 가장 쉽게 유혹에 빠지는 것이 바로 성매매이기 때문이다. 콩고에서 성매매의 문제는 거리의 메시지에는 물론 민중화의 주요 소재로도 등장하여, 윤리적이고 교훈적인 메시지를 전달하곤 한다.[16)]

[그림 14] 킨샤사 세무서 담, 직접 촬영.

[그림 15] 킨샤사 학교구역 담, 직접 촬영.

16) 쉐리 쌈바의 "Le renoncement à la prostitution"과 같은 작품이나, 90년대에 민중화로 인기를 받았던 "ika mwana(laisse la petite)"라는 작품이 대표적인 예가 된다.

시대에 따라 킨샤사 광고화는 인물 표현 방식이나 회화 기법에서도 변화를 보여준다. 90년대의 연구에서 볼 수 있는 이미지에 비해 (그림 12, 그림 13) 최근에 촬영된 아래 그림들에서는 광고화가 여러 면에서 변화하고 있음을 느낄 수 있다. 그림 16의 광고화와 같이 백인과 유사한 외모와 피부색을 한 인물들이 등장하는데, 이런 이미지들은 현대적인 삶의 모습을 표현하기 위해 재현되는 듯 보인다. 백인 모델의 이미지가 그대로 그려지는 이유는 미디어의 발달로 킨샤사에서도 외국의 광고를 그대로 볼 수 있기 때문이기도 할 것이다. 이와 마찬가지로 그림 17에서 볼 수 있는 남성용 미용실의 경우, 유럽에서 이름을 알리고 있는 유명 가수들의 이미지가 그대로 등장하기도 한다. 세계화의 물결, 미디어의 발달과 함께, 아프리카식 유머를 볼 수 있는 그림 18에서는, 미용실의 벽화로 오바마 전 미국 대통령과 미국 국기가 그려져 있는데, '최초의 아프리카 대통령the first african president'이라는 문구가 적혀있어 웃음을 자아낸다. 이와 함께, 킨샤사의 광고화는 가수의 앨범 프로모션을 위해서 사용되기도 하는데(그림 19) 주피터Jupiter라는 이름의 이 가수는 새로 나온 앨범과 함께 자신을 홍보하기 위해 벽화를 이용하였다.

[그림 16] 약국의 측면 벽화, 직접촬영

[그림 17] 남성용 미용실, 직접촬영

[그림 18] 미용실, 직접촬영

[그림 19] 가수의 홍보 벽화, 가수 관련 페이지 인터넷 캡처

오늘날 킨샤사 거리의 벽과 상점의 벽은 인터넷 포털 사이트의 메인 페이지처럼 홍보를 위해 텍스트와 이미지들이 조화되어 나타나는 정보의 장이고, 킨샤사의 대중문화와 민중 상상력을 엿볼 수 있으며, 삶의 여러 공간에서 공동의 기억이 어떻게 만들어지는지 보여준다. 킨샤사에서 가장 발달된 곰베지역으로 중심으로, 광고화와 벽화는 점점 디지털 프린팅을 통해 만들어진 광고에게 자리를 내어주면서 사라지고 있는 경향을 보인다. 대로변의 쇼핑가에는 국제적 기업의 프랜차이즈 매장들이 들어서기 시작했으며 손글씨와 그림이 가득한 광고화와 벽화는 조금씩 도시 외곽과 서민 거주구역으로 밀려가고 있다. 그럼에도 불구하고, 여전히 광고 화가들의 아뜰리에가 작은 구멍가게들을 장식하기 위해 영업을 계속하고 있으며, 독학으로 그림을 배운 청년들이 생계를 위해 거리로 뛰어들어 이 '야외 갤러리'를 채워나가고 있다.

2. 벽에서 캔버스로 : 민중화에 나타난 민중의 상상력

오늘날 아프리카 현대회화에서 가장 큰 주목을 받고 있는 콩고 민중화는 앞서 살펴본 킨샤사 거리의 광고화 문화에서부터 비롯되었으며, 아프리카 근대화 과정에서 새로 탄생한 도시문화와 경제 발달에 뿌리를 두고 있다.[17] 콩고민중화는 킨샤사 보자르 아카데미의 정식 커리큘럼에 들어가게 되었지만, 여전히 대부분의 작가들이 정식 아카데미 교육과 관계없이 등장하고 있다. 질룬굴라는 이들이 '아티스트 artiste'라는 표현과 구별하여 '와티스트watiste'로 불린다고 설명하는데, 와티스트라는 용어는 민중화의 단골 소재로 등장하는 여성인물인 '마미 와타mami wata'에서 비롯된 것으로, 거리의 예술은 아카데미 예술을 가리키는 'art savant'에 대비되는 'art wata'로 불린다. 즉 '아르 와타art wata'는 콩고의 민중 예술을 가리키는 용어로서[18], 1989년 무상기의 정의에 따르면 다음과 같다.

> "그림의 애호가들이지만 거의 제대로 교육을 받지 못한 '와티스트'들은 정치적 일상의 매력적인 장면들을 순진한 방법으로 묘사하는 작업을 만들어 낸다.(…) 그들은 스스로를 사실주의적이라 믿고 있다 (…) 그러나 그들의 작

17) Ibongo Gilungula, *op. cit.*, p. 21 : "C'est la forme de l'art africain la plus connue actuellement (…) elle prend racine dans les nouvelles villes et dans la vie commerciale de l'Afrique."

18) Art wata에 대한 Bamba의 정의에 따르면, "l'art wata est tout le contraire d'un art savant. Il est l'ensemble des oeuvres des créateurs naifs, dont la présence et l'activitéont un impact largement marquant sur la vie populaire zairoise.", Ibongo Gilungula, Ibid.에서 재인용.

품에서 몽상과 직관적인 해석의 비중이 매우 크며, 기법에 있어서도 초라한데, 공업용 물감으로 비싼 캔버스에 그리던지 박스 조각이나 밀가루 자루에 그리던지 간에, 작업에 사용된 재료가 빈약하기 때문이다."[19]

아카데미에서 교육을 받은 민중화가 쉐리 쉐린을 제외하면, 쉐리 쌈바와 모케, 보도Bodo 등 세계적으로 명성을 펼친 콩고작가들 대부분이 이 와티스트 출신들로서, 킨샤사에는 백여 개가 넘는 와티스트의 아뜰리에가 존재하고 있다. 이 민중 화가들은 자신들을 매우 높이 부르는 특징이 있는데, 이름 앞에 chéri(친애하는)나 maître(거장), artiste(작가)라는 칭호를 붙이는 경향이 있다. 이에 따라 민중화가 가운데에는 '위대한 거장 바질 작가Artiste Grand Maître Bazil'과 같은 이름, 혹은 '이브 1세 폐하Sa MajestéYves 1', '카우스 장군Général Kaus' 등과 같이 과장된 이름을 갖고 있는 화가들도 있다.

쉐리 쌈바의 경우 여전히 킨샤사에 아뜰리에를 두고 있는데, 이름난 민중화가의 아뜰리에는 주로 사람들이 많이 모여드는 중심가에 위치해 있다. 이는 작품을 그려서 일부러 대로변에 놓아둠으로써 많은 사람들이 그림을 보도록 하기 위함인데, 서양식 미술교육을 받은 사람들에게는 매우 낯선 풍경이라 할 수 있다. 즉, 거리에 그림을 놓

19) Musangi N., *Zaïre-Afrique*, 225, mai 1989, p.239 : "Dilettantes et gens de peu de culture, les "watistes" produisent des oeuvres qui décrivent de façon candide les scènes captivantes de la vie politique(…) Ils se croient réalistes (…) mais la part de reve et d'interprétation instinctive est prépondérante dans leurs oeuvres, de facture plutot pauvre à cause des matériaux utilisés, toiles de fortune ou morceaux de carton, souvent des sacs de farine, avec les couleurs industrielles." Ibongo Gilungula의 전게서에서 재인용.

아 두어 여러 사람들이 몰려들고 다 함께 그림을 보면서 토론하도록 하는 목적을 갖는다. 따라서 민중화는 정치적인 내용, 시사적인 내용을 주로 다루어 작품을 보는 사람들이 저마다의 의견을 낼 수 있도록 유도한다. 사례 몇 개를 살펴보기면, 마치 한 컷짜리 만문만화와 흡사한 구성과 메시지를 담고 있으며, 대부분 원색으로 채색되어 있고 평면적인 구성방식을 하고 있어 만평 만화와 같은 느낌을 준다.

일반 대중들을 상대로 하는 민중화인 만큼, 작업의 메시지를 읽어내는 것은 어렵지 않다. 그림 22는 "정치인들의 공통점"이라는 쉐리

[그림 20] 킨샤사 쉐리 쌈바의 아뜰리에

[그림 21] 킨샤사, 아뜰리에 작품을 야외에 전시해 놓은 모습

[그림 22] 쉐리 쌈바, 정치인들의 공통점 (2003)
Chéri Samba, Le commun des politiciens (2003), 200 X 300 cm, coll. Pigozzi

[그림 23] 쉐리 쉐린, 킨샤사스러운 것들 (2004)
Chéri Chérin, Kinoiseries (2004), coll. Pigozzi

[그림 24] 모케, 콩고여성의 해방 (2000)
Moké, Emancipation de la femme congolosaise (2000), 150 X 206cm, coll. Pigozzi.

[그림 25] 모케, 변두리에서의 뜨거운 밤 (1999)
Moké, Nuit Chaud à la cité (1999) 148 x 243cm, coll. Pigozzi

쌈바의 작품으로 달러와 유로 등 강대국들의 지폐 속에 둘러싸여 총을 아래에 두고 권좌에 오르길 바라는 인물을 재현했다. 돈, 총, 화려한 의자와 같이 상징적인 오브제들을 통해 환유의 방식으로 메시지를 전달하고 있다. 콩고의 부패한 정치인들, 국가의 재건과 민중의 삶에는 전혀 관심이 없는 이기적인 권력가들을 비판하는 작품이다. 그림 23의 "킨샤사스러운 것들Kinoiseries"라는 쉐리 쉐린의 작품은 킨샤사를 방문해 본 사람이라면 바로 이해할 수 있는 요소들이 가득 표현되어 있다. 교통 체증과 혼잡한 도심, 원색으로 장식된 거리의 작은 상점들, 멀리 보이는 행정 건물들, 차가 멈추면 달려드는 잡상인들, 가짜 기름과 악어를 팔려는 사람들, 차 지붕 위에 짐과 함께 올라탄 사람들, 멱살을 잡고 싸우는 사람들 등, 혼란한 킨샤사를 구성하는 요소들을 재현하였다. 특히 이 작품에서는 텍스트적 요소 역시 중요한 메시지를 담고 있는데, 교회의 대형 전도 집회를 광고하는 현수막과 저녁에 벌어질 파티를 홍보하는 광고 현수막은 교회와 파티라는 킨샤사의 필수적인 두 요소를 나타내고 있다. 또한, 정면에 위치한 '용기 에이전시Agence Courage' 즉 '용기'라는 이름의 상점 옆에 '매우 강한 TRES FORT'이라는 글씨를 쓰고 있는 사람을 볼 수 있는데, 마치 킨샤사에서는 매우 강한 용기가 필요하다는 것을 나타내는 듯이 보인다. 그림 24과 25는 모케의 작품으로, 모케는 주로 사람들이 가득한 시장이나 클럽, 거리 등 도시 풍경을 주로 그렸다. 그림 24은 "콩고여성의 해방"이라는 제목으로 더 이상 콩고 여성들의 전통의상인 빤느Pagne를 입지 않고 유럽식 의상을 입고 사무실에서 일하는 여성을 그려 새로운 시대 풍경을 표현하고 있다. "도시의 뜨거운 밤"을 표현한 그림 25는 2000년 새해를 맞이하기 위해 잘 차려입은 패셔니스타Sapeurs들과 잘 노는 댄디들Ambianceurs이 가무를 즐기는 장면을 표현하였다. 뒤로 보이는 념년엔 세련된 킨샤사! Kinshasa Kiesse en l'an 2000!'라는 텍스트가 그림의 메시지를 명확하게 해 준다.

앞서 본 몇 개의 사례에서 알 수 있듯이, 민중화에는 민중들이 함께 공유하는 경험과 삶이 표현되어 있다. 일상의 장면들이 화가들의 상상력을 통해 재구성되고 그 결과물이 다시 한 번 공유되면서 민중화는 민중의 상상력을 구축해 나간다. 아프리카의 민중 상상력이 민중화에 형상화되는 대표적인 사례로, 마미 와타의 모티브를 들 수 있다. '마미 와타'라는 명칭은 'mother water' 즉 '물의 어머니'라는 표현에서 비롯되었으며, 매혹적인 아프리카의 사이렌을 형상화 한 것으로, 아프리카 여러 국가에 걸쳐 다양한 문화에 기원을 두고 있는 여성의 모티브이다. 콩고민주공화국의 민중화에서는 여성 인물로서 자주 등장하는데, 상체는 여성의 몸을 하고 있으나 하체는 물고기나 뱀의 모습을 하고 있다.

20세기 후반 콩고 민중화에 자주 등장하는 이 모티브는 서구적 모더니티의 매혹적인 힘을 상징한다. 백인 여성과 같이 밝은 피부색 표현되고 보석과 액세서리(목걸이, 시계 등)로 치장한 이 여인은 흡사 인어와 같이 물가를 배경으로 자주 그려진다. 언제부터 시작되었는지 어느 지역에서 처음 그리게 되었는지 알려진 바 없지만, 아프리카 민중 상상력 속에서 마미 와타는 유럽의 모더니티와 그것을 추종하는 인간의 탐욕과 죄를 상징한다고 알려져 있다.[20] 즉, 백색 피부와 귀금속으로 장식한 상체는 돈과 명예, 유럽식 삶과 권력을 추구하는 인간을 상징하며, 물고기 혹은 뱀과 유사한 동물의 꼬리는 인간의 죄를 나타내고 있다. 아담에게 선악과를 먹도록 유혹하는 이브를 연상시키는 이 여성은, 부와 명예를 상징하는 상체와 인간의 원죄 상징하는 하체

[그림 26] François Nkulu, Mami Wata 연도미상, coll. KMMA Tervuren

[그림 27] Abdal, Mami Wata(1989) Coll. privée

20) 이 부분에 대해서는 다음의 논문을 참고할 것. Jewsiewicki, Bogumil, "Une société urbaine《moderne》et ses représentations : la peinture populaire à Kinshasa (Congo) (1960-2000)", *Le Mouvement Social,* 2003/3, No. 204, La Découverte, pp.142-144.

를 갖고 있는, 기독교적 영향에서 비롯된 모티브라 볼 수 있다.

마미 와타는 화가에 따라 다양하게 재현되지만, 대체로 상반신이 노출된 채로 표현되어 성적인 코노테이션을 담고 있다. 일반적으로 콩고의 문화적 전통에서 여성의 성적 유혹을 상징하는 신체 부분은 엉덩이이지만, 식민 시대에 유입된 유럽의 에로틱한 사진과 엽서들의 영향을 받아 상반신 노출을 통해 여성의 성적인 매력을 표현하게 된 것이다. 이와 같이 마미 와타의 모티브는 사회적, 역사적으로 독특한 배경을 갖고 있으면서 근대적인 것과 도시적인의 관계를 보여주며,[21] 민중의 상상력이 모더니티와 어떻게 연결될 수 있는지를 보여준다.

3. 민중화를 통해 본 아프리카 모더니티

콩고의 민중화는 콩고의 근대화 과정에서 나타난 메갈로폴리스 킨샤사와 밀접하게 연관되어 있다. 불안한 정치상황과 취약한 국가 체계 하에서 거대한 인구가 유입되어 만들어진 도시 킨샤사는 기회주의자들과 사기꾼들의 도시이자 '알아서 먹고 살아야 하는' 치열한 삶의 전쟁터가 되었다. 민중화는 이러한 킨샤사의 카오스를 잘 보여주고 있다. 캔버스 가득 킨샤사의 사람들이 부글거리듯, 토착 신앙과 기독교, 쓰레기 속 거지들과 엄청난 부자들, 콩고의 전통과 유럽의 근대가 모두 뒤섞여서 혼돈과 카오스의 상태를 보여준다. 콩고의 민중화

21) Jewsiewicki, Bogumil, *op. cit.*, p.144.

는 킨샤사의 얼굴에 다름 아니며, 민중화의 발생과 재현 양상에는 대도시의 탄생이라는 배경이 존재한다.

프랑스어권 흑아프리카의 도시는 폭력의 역사를 내재하고 있다. 사실상 도시라는 것 자체가 가장 대표적인 식민지배의 산물로서, 대부분의 국가에서 식민통치 기간에 도시화가 이루어졌다. 식민 지배자에 의해 건설된 도시는 효율적인 통치라는 목적만이 강조된 채 피지배 거주민들의 실제 삶과는 무관하게 구획·정리되는 바람에 모순과 갈등의 공간으로 나타나기가 십상이었다. 프랑스와 벨기에의 식민통치 하에 있었던 아프리카 국가들의 근대화의 과정에서도 그런 양상은 별로 다르지 않았다. 이들 국가들은 식민지배 국가의 도시들을 건설하면서, 피식민 사회의 전통적 사회 구조와 문화 체계를 나름대로 분석하여 그 특성에 맞게 계속성과 단절, 지배와 피지배의 전략을 구사하였다고 알려져 있다. 그 과정에서 각각의 공간들이 전통적으로 지녀왔던 종교적 상징성이나 공동체성은 대부분 상실되고 말았다. 또한 독립 이후에도 대부분 억압적이고 약탈적인 권력에 의해 식민 지배의 폭력적 관계가 재생산되어, 오늘날까지도 그들의 삶의 공간은 여전히 '식민지적 혼돈' 상태에서 벗어나지 못하고 있다고 해도 과언이 아니다.

독립 이후, 인구의 폭발적인 증가와 대도시로의 이주현상, 경제 위기와 경제 위기를 극복하기 위한 무리한 화폐정책으로 인해 공공부문과 사기업 부문 에서 임금노동자들이 추락하게 되었다. 대규모의 정리해고 사태가 뒤따랐고, 투자가 침체되면서 아프리카의 대도시들은 위기를 맞았다. 이와 같은 수순은 아비장과 리브르빌 등에서 모두 유사하게 나타난다. 문제는 오늘날에도 이런 대도시들의 위기를 타개할 국가적 차원의 인프라 재건 능력이 부족하다는 것이다. 도시 계획에 있어서도 마찬가지이다. 국가가 개입하여 정리할 수 있는 차원을 넘어섰다고 할 수 있는 정도로, 도시에는 모든 것이 뒤섞여 뒤죽박죽이 되어버렸다. 흑아프리카에서는 식민시대의 건물이 남아 있고 백인들이 살던 지역을 '도시ville'로, 그 외 현지인들이 거주하는 변두리는 '씨테cité'로 칭하고 있다. 독립 이후의 도시 정책은 수많은 도시민들을 불법적 거주지로 밀어내는 사태를 초래했다. 중간업자 등을 통해 불법거주지 구역에 토지를 구해 엉성하게 집을 지어 거주하는 것이 어렵지 않게 되면서, 아프리카 도시들의 변두리 지역에는(아비장의 변두리 아보보, 다카르의 변두리 피킨, 혹은 킨샤사의 외곽 등) 길, 공원, 불법 주택과 정원, 국유지 등이 모두 뒤섞여 구별할 수 없게 되었다.[22] 결국 흑아프리카의 도시는 현대적 중심가와 낙후한 변두리라는 이분법적 모델이 적용되지 않을 정도로 불법적인 토지 이용지와 불법 주택지들이 뒤엉켜버린 것이다. 더욱이 농촌인구가 계속적으로 유입되면서 도시는 과포화상태가 되어 불법거주지의 집세를 감당할 수 없는 빈민층이 증가하게 되었고(수도 내에서도 동네별로 빈부차이가 극심한 브라자빌) 도시 거주민과 농촌에서 유입된 인구 간의 갈등, 경제 수단에 따른 사회계층의 극단적인 분화현상 등 여러 층위에서 도시의 비정상적인 현대화로 인한 복잡한 양상이 초래되었다. 오늘날 혼돈과 무질서는 아프리카 대

22) 이 부분에 관해서는 다음의 저작들을 참고. Marc-Antoine Perouse de Montclos, *Ville et violence en Afrique noire,* Paris, Karthala 2002 ; Yves Pedrazzani, *La Violence des ville*, édition Le livre équitable, 2005, Paris ; M. Diop, dir, *La Violence urbaine vue des quartiers de Dakar*, Paris, Editions Charles Leopold Mayer, Document de travail, 2000.

도시들의 대명사이자 아프리카 모더니티의 상징이다. 대표적으로 킨샤사나 나이지리아의 라고스가 그 예를 보여준다. 이브 페드라자니는 라고스에 대해 서술하면서, '소외된 자들, 경계인, 비정형, 불법적인 자들의 수도로서 폭력에 있어서 전통적인 도시의 개념을 벗어나는 도시이자, 도시계획의 개념을 벗어나는 도시'라고 설명하고 있으며 '아프리카의 도시들은 도시라는 개념 자체를 다시 생각하게 만든다'고 말한다. 또한, 라고스의 경우 원칙이 없는 도시화를 통해 '아프리카화'된 세계화가 무엇인지를 보여준다고 주장하면서, 새벽이 오면 '밤으로부터 생존했다'는 느낌을 갖게 하는 도시, 혼란과 무질서, 폭력의 도시로서 라고스를 설명하고 있다.

카메룬 출신의 작가 아쉴 음벰베는 포스트식민시대의 아프리카에 대한 자신의 현실 인식을 '그로테스크'와 '음란함'이 공존하는 '상스러움의 미학'으로 설명한 바 있다.[23] 즉 공공의 기능을 상실한 약탈적 권력의 폭력에서 비롯되는 불안정한 정치상황, 개인과 집단의 파편화된 정체성, 근대와 전근대의 혼란스러운 공존, 극단적 소외의 적나라한 양상 등이 '후기 식민 도시'의 환경적 조건을 구성하고 있다는 것이다.

이처럼 콩고의 민중화에서 뿐만 아니라 아프리카 현대 미술에서, 도시와 농촌은 완전히 상반된 개념으로 나타난다. 도시는 근대성, 혼돈, 과잉인구의 불편한 공존을 상징한다면, 농촌은 전통문화와 부족사회 등 고유문화를 상징하는데 이런 구분은 인공적으로 보일 정도로 다른 어떤 지역보다도 아프리카에서 더욱 두드러지게 나타나는 특

23) Achille Mbembe, *De la postcolonie. Essai sur l'imagination politique dans l'Afrique contemporaine.* Paris, Karthala, 2000.

징이다. 20세기 후반에 와서 아프리카의 도시들에는 정치적인 변화와 함께 인구가 이동하고 재분배되었고 이런 과정에서 도시의 전통적인 면모는 변형되었다. 길에서 떠도는 아이들이 더 많아지고 소매치기와 절도와 같은 범죄들이 고질적인 도시성의 한 면으로 자리 잡게 되었다. 도시는 단순한 도구적 기능만을 수행하는 공간, 즉 일을 하고 농촌의 작은 마을에서는 구할 수 없는 생필품을 구하는 장소로 역할이 축소되었다. 그러나 이런 사회학적 면과는 별도로 도시는 예술적 상상력을 자극하는 마술적 공간으로도 나타나기 시작했다. 모든 것이 가능한 공간, 개인적인 행복과 성취를 위한 공간은 아니지만 미래와 예기치 못한 사건들이 발생하는 대중적 공간으로 나타나게 된 것이다. 여러 가지 이유로 사람들은 도시로 몰려들고, 자기의 부족적 정체성과 개성은 혼돈과 과잉 인구 속에서 익명의 개인으로 통합된다. 이렇듯, 도시의 기능적인 면만이 강조되면서 모든 부족의 사람들이 공존하고 이동하고 있지만 그들의 정체를 쉽게 알 수 없는, 도시는 유동인구로 가득한 '국가'의 공간이면서 동시에 개인은 눈에 띄지 않는 'no man's land'로 비춰진다.

콩고의 민중화에서 이런 도시의 이미지는 직접적인 재현으로 나타난다. 국가의 미래를 약속해주는 역동적인 장소로 등장하기도 하지만, 인간성과 전통, 개성을 상실한 개인들의 치열한 삶의 전쟁터로 재현된다. 전통적인 삶의 방식이 일관적으로 계속되는 농촌 지역과는 달리, 전통으로부터 단절된 도시의 이미지는 식민지배로 강요된 근대화의 양상을 시각적으로 이해할 수 있다. 아프리카에서 도시공간은 가장 대표적인 식민지배의 산물이라고 할 수 있기 때문이다. 요컨대,

민중화는 포스트 식민의 혼란을 재현하면서 동시에, 도시 공간이라는 혼돈스러운 아프리카 근대화의 증거를 배경으로 한다.

이와 동시에 콩고의 민중화는 기능적인 면에 있어서, 도시에 새로 유입된 익명의 개인들이 공통된 경험을 공유할 수 있는 집단 기억의 매개체가 된다. 400개가 넘는 부족의 출신들이 이주하여 살고 있는 대도시에서 가장 쉽고 효과적으로 경험을 공유하고, 공동의 기억을 기록하며, 사회 현안에 대해 다양한 의견을 표현할 수 있는 매개가 될 수 있는 것이 바로 민중화였던 것이다. 즉, 전통적인 마을 공동체에서 도덕적 교훈을 주고 토론의 물꼬를 트기 위해 벽화가 수행하던 역할을 도시의 민중화가 계속 수행해 가고 있음을 확인할 수 있다.

결론

지금까지 콩고민주공화국의 민중화를 통해, 식민 이후 흑아프리카의 도시 공간이 민중예술에서 어떻게 재현되고 있는지를 살펴보았다. 이를 위해 우선적으로 민중화 발생의 근원이자, 민중화의 범주에 포함되는 킨샤사의 몇몇 광고화를 분석해 보았는데, 광고화는 도시의 경제발달과 함께 등장한 상업 예술이기는 하지만 콩고의 마을 전통과 도시의 문화를 연결하는 기능적 예술임을 알 수 있었다. 광고화의 메시지는 킨샤사의 정치, 경제, 사회적인 맥락에서 읽어낼 수 있는데, 킨샤사 사람들의 삶, 믿음, 생활방식과 인생관을 엿볼 수 있는 도시

예술이라 할 수 있다. 전통과 현대, 벨기에로부터 유입된 만화적 기법과 콩고인들의 민중 상상력, 킨샤사 특유의 낙천주의와 유머가 어우러져 있는 광고화는 메트로폴리스 킨샤사에 유입된 젊은이들이 생계를 유지하기 위해 시작되었지만 콩고 민중화 전통이 발전하기 위한 밑거름이 되었다.

아카데미의 예술과는 대립되는 민중화는 '아르 와타art wata'로도 불리는데, 빈약한 재료를 이용하여 단순하고 직접적으로 표현되지만 킨샤사 일상을 가장 잘 보여주는 문화로 자리 잡았다. 화가들은 정치적인 내용, 시의성 있는 주제를 그림의 소재로 삼으며 그림을 거리에 내어두어 가능한 많은 사람들이 보고 이야기하도록 유도한다. 몇몇 민중화의 예에서 알 수 있듯이 민중화에는 익명의 도시인들이 함께 경험하는 집단의 기억과 민중의 상상력이 녹아 있다.

식민 근대화의 유산이라 할 수 있는 아프리카 도시는 아프리카 모더니티의 특성을 보여준다. 폐허의 공간이자 수많은 사람들로 붐비는 그로테스크한 혼란의 킨샤사는 민중화를 통해 스펙터클이 된 도시ville-spectacle, 스펙터클이 가득한 도시ville de spectacles가 된다. 콩고의 민중화는 복잡한 모더니티를 향한 식민 이후 아프리카의 절망스러운 도약을 보여주며, 가상의 마을 공동체로서의 전통을 고수하려는 노력을 고스란히 보여준다.

참고문헌

〈단행본〉

Amselle, Jean-Loup, *L'art de la friche, essai sur l'art africain contemporain,* Flammarion, 2005.

Busca, Joëlle, *L'Art contemporain Africain: du colonialisme au postcolonialisme,* coll. Les arts d'ailleurs, l'Harmattan, Paris, 2000.

Busca, Joëlle, P*erspective sur l'art contemporain Africain: 15 artistes,* coll. Les arts d'ailleurs, l'Harmattan, Paris, 2000.

Diop, M.(dir), *La Violence urbaine vue des quartiers de Dakar*, Paris, Editions Charles Leopold Mayer, Document de travail, 2000.

Domino, Christophe et Magnin, André, *L'art africain contemporain*, éditions Scala, 2005.

Gaudibert, Pierre, *Art africain contemporain,* coll. Diagonales, éditions Cercle d'Art, Paris, 1994 [1991].

Gilungula, Ibongo, *Eléments de la peinture publicitaire de Kinshasa de 1990 à 2000,* Kinshasa, Editions CACP, octobre 2009.

Mbembe, Achille, *De la postcolonie. Essai sur l'imagination politique dans l'Afrique contemporaine.* Paris, Karthala, 2000.

Touya, Lucie, *Mami Wata la Sirène et les peintres populaires de Kinshasa,* La Bibliothèque d'Africultures, Editions L'Harmattan, 2003.

Thiry, Georges, *A la recherche de la peinture nègre*, Liège, Yellox Now, 1982.

Perouse de Montclos, Marc-Antoine, *Ville et violence en Afrique noire,* Paris, Karthala 2002.

Pedrazzani, Yves, *La Violence des ville*, édition Le livre équitable, 2005, Paris.

〈논문〉

Gilungula, Ibongo, "Une galerie d'art en plein air: la peinture publicitaire à Kinshasa", in *Art picutral Zaïrois*, Bogumil Jewsiewicki (dir), Editeur Septentrion, 1995, Coll. EHESS, pp.275-280.

Jewsiewicki, Bogumil, "Peintres de cases, imagiers et savants populaires du Congo, 1900-1960. Un essai d'histoire de l'esthétique indigène", in *Cahiers d'études africaines*, 1991, Vol 31, Numéro 123, pp.307-326.

Jewsiewicki, Bogumil, "Une société urbaine "moderne "et ses représentations : la peinture populaire à Kinshasa (Congo) (1960-2000)", *Le Mouvement Social,* 2003/3, No. 204, La Découverte, pp.131-148.

Parisel, Philippe, and Nzuzi, Lelo, "Kinshasa: Walls That Speak", in *African Arts,* Vol. 28, No. 3 (Summer, 1995), pp.44-55.

〈인터넷 사이트〉

• 마미 와타 이미지 관련

http://africa.si.edu/exhibits/mamiwata/cultural.html

http://www.africamuseum.be/home/treasures/mami-wata?set_language=fr&cl=fr

• 프랑스어-링갈라 전자사전

http://dic.lingala.be/

• 피고찌Pigozzi 콜렉션 사이트

http://www.caacart.com/

• 윅셔너리 사이트(신조어 관련)

https://fr.wiktionary.org/wiki/article_quinze

https://fr.wiktionary.org/wiki/ambianceur

독일 영화 속 다문화사회

정미경_ 경기대학교 글로벌어문학부 교수

독일 영화 속 다문화사회

1. 다문화사회 독일의 현주소

현재 독일은 인구의 20% 가량이 직간접적으로 이민 배경을 가진 시민들이고, 2015년 100만 명이 넘는 시리아 난민을 받아들임으로써 유럽국가 중 가장 많은 난민을 받아들인 나라가 되었다. 독일이 다문화사회로 접어들었음은 부정할 수 없는 사실이다. 하지만 내적 통합에 있어서는 아직도 갈 길이 멀어 보이며 풀어야 할 문제들도 산적해 있다. "독일은 이민국가가 아니다Deutschland ist kein Einwanderungsland"란 선언이 강력히 시사하고 있는 것처럼 독일은 오랫동안 반이민정책을 추구해 왔다. 하지만 전후 집권당의 정책과 지향점에 따라 독일의 이민사는 부침을 겪어왔다. 그 과정은 전후시기에서 통일될 때까지의 동서독 이주노동자 정책과 통일 독일사회의 이민정책으로 크게 둘로 나누어 볼 수 있다.

먼저 전후 서독의 이민 정책을 보면, 노동시장에서의 노동력 부족으로 인해 1955년 독일-이탈리아 경제협약을 필두로 하여 대규모 외국인 노동인력을 유치하기 시작했다. 특히 1961년 베를린 장벽이 세워지고 동독으로부터의 노동력 유입이 차단되면서 스페인, 터키, 포르투갈, 유고슬라비아 등과 협약을 맺고 외국인 노동자들을 초청하여 산업예비 인력으로 사용하였다. 이들 외국인 노동자들은 독일어로 '손님노동자'를 뜻하는 가스트아르바이터Gastarbeiter로 불렸는데, 명칭에서부터 이들을 훗날 제 나라로 돌아가야 할 손님으로 취급할 뿐, 이들의 이민 가능성을 배제하고 있음을 알 수 있다. 1969년 바이에른 주에서 도입한 순환원칙Rotationsprinzip은 노동자의 장기 체류를 막기 위한 대표적인 정책이었다. 5년 이상 체류에 제한을 두는 이 규정을 다른 주에서도 많이 채택하게 되는데, 1969년 진보적인 사민당-자민당 연합이 들어서면서 이 제한을 없애기도 했다. 하지만 1973년 오일쇼크를 기점으로 외국인 노동자 모집을 전면적으로 금지하면서 이민정책은 뒷걸음질 치게 된다. 수치로 보면 이때까지 총 1,400만 명의 외국인이 유입되었다가 1,100만 명이 돌아가고 300만 명이 이민자로 남았다. 이후 1982년 보수적인 기민당이 집권하면서, 경제 불황으로 인한 높은 실업률과 외국인에 대한 반감을 이유로 통합원칙Intergrationsprinzip을 기조로 한, 사실상 반(反) 이민정책을 펴게 된다. "보트는 꽉 찼다Das Boot ist voll"는 슬로건 하에 외국인 노동자의 신규 모집이 제한되고, 장기 체류 외국인 노동자의 귀국이 권고되며, 독일 거주 외국인 노동자에게는 독일사회 적응을 요구하는 정책들이 시행되었다. 이는 기본적으로 다문화사회를 거부하고 이주민을 독일사회로 동화시키려는 통합정책이라 할 수 있다. 이 또한 외국인 노동자가 독일에 체류하는 한해서 언어 교육을 실시하는 등 일시적인 통합 정책일 뿐, 장기적인 차원에서의 통합 정책은 마련되지 않았다.

전후 동독은 주로 사회주의 국가로부터 외국인 노동자를 받아들였다. 사회주의 국가 간의 유대감과 상호간 교류를 명분으로 내세우고 있었지만 속내는 역시 노동력 부족이었다. 서독으로 340만 명의 노동력이 빠져나가고 건설된 베를린 장벽은 반파시즘 보호 장벽이란 명분에도, 기실 자국의 노동력 유출을 막기 위한 방편이었다. 그리하여 60년대 폴란드, 모잠비크로부터 외국인 노동자가 유입되기 시작하여, 이후 80년대에는 베트남, 앙골라, 쿠바로 확대되었다. 선진 사회주의 국가였던 동독으로부터 기술이전을 약속받고 초청된 외국인 노동자들이었지만 실제 이들은 주로 저임금 노동자로 동독시민들이 기피하는 분야에 투입되었다. 계약기간이 2~6년으로 제한되고 원칙적으로 가족동반을 불허했다. 이들은 서독과 달리 '외국인 계약제 노동자 ausländischer Vertragsarbeiter'로 칭해졌다. 순환원칙이 엄격히 적용되었고 외국인 노동자에 대한 관리도 철저하게 이루어져 통일 당시 서독에 비해 동독은 체류 외국인 수가 현격하게 적었다.[1)] 서독 시민들에 비해 동독 주민들이 외국인과 이웃한 경험이 적은 것은 이후 통일사회에서 구동독 지역에서 외국인에 대한 반감과 폭력사태가 더 두드러진 원인으로 지목된다.

통일 이후의 외국인 정책을 보면 이민을 억제하고 이주민 통합정책이 기조를 이루는 가운데 집권 정당의 정책에 따라 다소 방향전환이 있기도 했다. 대표적으로 1993년 보수적인 기민당-자민당 연정은 난민법을 통과시켜 난민신청을 어렵게 만들었고, 그 결과 신청자가 급

---

1) 1970년대 서독에 300만 명, 동독에 14,000명의 외국인 노동자가 체류하다, 1989년 통일될 당시에는 서독에 480만 명, 동독에 93,600명의 외국인 노동자가 거주한 것으로 나타난다. (최윤영: 민족의 통일과 다문화사회의 갈등. 독일 문학의 예를 중심으로. 서울대학교출판문화원 2016. 24쪽 참조)

감하게 되었지만, 1998년 사민당-녹색당 연정으로 이민 정책에 변화가 있게 된다. 독일이 이민국임을 받아들이고 외국인의 독일 시민권 획득을 완화한 국적법 개정도 이때 이루어진다. 그 결과 2000년 독일 국적 취득자는 전후 최고 수치에 이르게 되고 터키계가 그 중 가장 많은 수치를 차지한다. 2004년 집권한 기민당의 메르켈 수상은 "다문화사회 개념은 실패했다, 완전히 실패했다. Der Ansatz für Multikulti ist gescheitert, absolut gescheitert!"[2]고 선언하고 이주민들이 독일사회의 주도문화에 적극적으로 통합될 것을 주장했다. 하지만 동유럽의 불안한 정치상황과 그로 인해 폭발적으로 늘어난 난민 신청 요구에 독일이 내내 나 몰라라 할 수는 없었다. 2015년 전 세계를 울린 시리아 출신의 세 살 박이 소년 쿠르디의 죽음을 계기로 독일은 시리아 난민을 적극 수용하기로 한다. 하지만 2016년 새해 벽두를 달구었던 쾰른에서의 성희롱 및 폭행사건에서 극명하게 드러나듯 독일에서의 이주자 문제는 현재 진행형이다. 통일은 독일에 금기시되었던 민족이란 단어를 다시 호명할 수 있게 했고 이는 외국인에 대한 배척과 폭력사태로 나타나기도 한다. 다문화사회로 접어든 독일은 관용과 통합 사이에서 바야흐로 시험대에 올랐다고 할 수 있다.

이주자의 입장에서도 통일 상황은 또 다른 전환점이 되었다. '머리 속 장벽'이란 말이 말해주듯 통일 후 동서독 주민 간의 위화감을 해소하는 데 많은 노력과 시간이 필요했다면, 동독 주민보다 더 어려운 처지에 놓이게 된 이들이 바로 이주자들이었다. 그런 의미에서 최윤영

2) Integration. Merkel erklärt Multikulti für gescheitert. In: Spiegel Online 2010.10.16

은 통일 과정에서 가장 고통 받는 사회계층은 당시 동서독에 체류하던 외국인 이주민이라 지적한 바 있다.[3] 고용불안, 사회적 불평등, 상대적 박탈감 등 통일과정에서 불거진 문제점들을 이주민에게 투사하여 행해진 일련의 테러와 폭력사태,[4] 신극우주의의 등장, 페기다PEGIDA[5]로 대표되는 반 외국인 정서는 우려를 낳기에 충분했다. 구서독에 비해 통일 후유증에 더 시달렸던 구동독 지역에서 외국인에 대한 반감이 더 크게 나타났던 것도 이로써 설명된다. 이 지역 극우파들이 단일민족문화를 다시 꺼내들고, 독일 거주 외국인 중 가장 많은 비율을 차지한 터키계 이주민과의 갈등이 폭력사태로 이어지면서 이는 사회문제로 대두되었다. 1982년 80건이었던 터키계 이주민에 대한 극우파의 폭력 행위가 1990년에는 309건, 2000년에는 998건으로 대폭 증가한 것을 보면[6] 이를 알 수 있다.

이주자 통합정책은 결국 독일문화를 주도문화Leitkultur로 보고 이주자들을 흡수 동화 및 통합시킬 것인가, 각 구성원의 고유한 문화를

---

3) 최윤영, 위의 책, 3쪽 참조.

4) 통일직후 일어난 사건들 중 대표적인 것으로 1991년 구동독 지역인 호이어스베르다에서 일어난 외국인 테러와 난민신청자 기숙사 방화사건, 이듬해에 로스토크에서 외국인에 대한 증오로 인해 일어난 독일 최대 폭동을 들 수 있다. 1990-2009년까지 137명 이상이 극우파 테러로 사망한 것으로 보고된다.

5) Patorische Europäer gegen die Islamisierung des Abendlandes의 약자로 '서양의 이슬람화를 반대하는 애국 유럽인'을 뜻한다. 2014년 구동독 드레스덴에서 결성된 반이슬람 단체로 독일정부의 외국인 이주 및 망명정책에 반대하는 집회를 주도했다.

6) Gokcecicek Yurdakul: Mobilizing Kreuzberg. Political Representation, Immigrant Incorporation and Turkish Associations in Berlin. University of Toronto, p.191 참조.

대등한 것으로 인정하고 상호 존중하는 다문화Multikultur 사회를 지향할 것인가의 문제로 모아진다. 전자는 동화모델에 해당되는데, 다수인 자국민의 가치와 문화를 소수의 이주자가 수용하도록 유도하여 사회통합을 이루려는 정책이다. 이주자가 출신국의 언어 및 사회문화적 특성을 포기하고 자국의 문화에 완전히 동화되는 것을 목표로 하기 때문에, 이주자의 고유한 문화와 이민국의 낯선 (주도)문화가 충돌하고 이것이 이주자의 정체성에 혼란을 가져오는 문제점이 발생한다. 후자는 다문화주의 모델에 해당되는데, 이주자인 소수자의 문화를 포함한 구성원 개인의 다양한 문화를 동등하게 존중하여 다문화적 정체성을 수립하는 것을 목표로 한다. 이 경우 역으로 이민국가에 동화되려는 노력 없이 본래의 자국 문화에만 매몰될 위험성이 내재한다. 현재 독일은 다문화사회로 접어든 현 상황을 인식하고, "동화모델과 다문화주의 모델을 병용하는 정책으로 전환"[7]하여 다문화 사회통합정책을 추진하고 있다.

전후 독일사회로 이주한 노동자 가족의 세대가 분화되면서 이주민의 정체성 문제에 있어서 세대 간 갈등도 중요한 문제로 부각된다. 이민 1세대들에게 독일생활은 타향살이였지만 이민 2세대에게 독일은 고향이나 다름없고 독일문화는 곧 자국 문화이기 때문이다. 이들은 독일 내에서 타자로 살아가는 문제 외에 가족 내 갈등관계까지 겹쳐지면서 보다 복잡한 상황에 직면한다. 하지만 이민 2세대 작가나 영

7) 장석인, 김광수, 레 꽝 까잉, 레 도안 화이: 서유럽 국가의 다문화사회와 사회통합정책에 관한 연구. 영국·프랑스·독일·스웨덴을 중심으로. 실린 곳: 경영컨설팅 리뷰. 4권 2호(2013). 69-88쪽. 82쪽.

화감독들이 보여주는 것처럼 하나로 통합되지 않는 이들의 정체성은 단일한 문화권에서는 나올 수 없는 독특하고 복잡다단한 시각을 만들어내며 창의적이고 생산적인 문화적 자산이 되고 있다.

현재 독일사회는 전후 이주노동자에서 비롯되어 최근 난민 수용에 이르기까지 외국인 800만 시대로 접어들었다. 하지만 현상적으로는 다문화사회가 되었지만 의식적으로는 다문화사회로 성숙되지 못한 상황에서 사회의 혼종화와 다양화, 이질화에 대한 열린 시각이 그 어느 때보다 요구된다고 할 수 있다. 이를 반영하듯, 90년대 이후 독일 영화계에서도 다문화 속 이민자를 다룬 영화가 약진하고 있다. 특히 이민 2세대 감독들이 활발한 활동을 보이며 직접 경험한 문화충돌과 정체성 문제를 자신들의 손으로 다루기 시작한 것은 고무적인 일이다. 그 대표적인 감독은 터키계 독일인 파티 아킨Fatih Akin이다. 거의 전 작품에서 이민자의 정체성 문제와 갈등상황을 다루면서 그는 이민자 영화를 논할 때 빼 놓을 수 없는 감독이 되었다. 유고슬라비아 출신으로 스위스에서 활동하고 있는 안드레아 슈타카Andrea Štaka 감독은 이민자 문제를 독일을 벗어나 전 유럽적인 시각에서 볼 수 있게 해준다. 하지만 그에 앞서 뉴저먼 시네마의 대표주자인 라이너 베르너 파스빈더Rainer Werner Fassbinder는 일찌감치 독일인의 시각으로 독일 시민사회의 일상적인 인종차별주의를 폭로하고 있어 다문화사회를 다룬 독일영화와 관련해서 주요한 출발점이 될 수 있다.[8)]

8) 물론 본 글에서 다루는 영화 외에도 독일의 다문화사회를 다룬 영화는 상당수 있다. 외국인 노동자에 대한 차별과 편견에 대해서는 파스빈더의 〈카첼마허 Katzelmacher(1969)〉, 잔더스-브람스H. Sanders-Brahms의 〈시린의 결혼식Shrins

2. 독일영화 속 다문화사회

(1) 라이너 베르너 파스빈더의 〈불안은 영혼을 잠식한다〉: '쿠스쿠스' 대 '키프키프'

〈불안은 영혼을 잠식한다〉의 원제를 보면 제목에서부터 이미 외국인의 문화적 갈등상황을 내포하고 있다. 원제 Die Angst essen die Seele auf가 독일어 문법에 맞으려면 essen이 isst로 동사 변화를 해야 옳다. 영화를 보면 이 대사는 남자 주인공 알리로부터 나온다. 모로코 출신의 알리는, 삶에 지치고 고독한 엠미에게 서툰 독일어로 자기 나라 속담이라며 '불안은 영혼을 잠식한다.'고, 불안해하지 말라고 말한다. 처음 만난 두 남녀가 호감을 느끼는 가운데 외국인 남성이 독일 여성을 위로하며 건넨 이 말이 하지만 이후 스토리 전개에서는 외국인 노동자에 대한 독일 시민들의 불안으로 해석될 수 있다. 사랑과 결혼, 만남과 이별, 재결합 등 멜로드라마의 외형적 요소를 의식적으로 차용하고 있지만 이 영화는 단순히 남녀 간의 관계에 대한 이야기에 그치지 않고, 어디로 보나 독일 내 이방인의 문제를 전면적으로 다룬

Hochziet(1976)〉, 미셀비츠H. Misselwitz의 〈설렘Herzsprung(1992)〉 등이 있고, 문화적 갈등 및 적응에 대해서는 바저T. Başer의 〈40평방미터 독일 40qm Deutschland(1985), 봄H. Bohm의 〈야세민Yasemin(1988)〉 등이 있다. (이광복: 상호문화적 교육의 관점에서 독일영화 읽기. 〈사랑 후에 남겨진 것들〉, 〈솔리노〉, 〈미치고 싶을 때〉, 〈바그다드 카페〉. 실린 곳: 외국어교육연구 15집(2012). 136-151. 137쪽 참조.) 최근 영화로는 되리D. Dörrie의 〈헤어드레서Die Friseuse(2010)〉와 삼데렐리 자매Y./N. Şamdereli의 〈나의 가족 나의 도시Almanya, Willkommen in Deutschland(2011)〉를 들 수 있다.

영화로 꼽힌다.

1974년에 나온 이 영화는 특히 전후 독일 사회에서 '외국인 노동자Gastarbeiter'[9]가 차지하는 자리를 잘 보여준다. 앞서 살펴본 것처럼 서독은 부족한 노동력을 보충하고 급속한 경제성장을 이루기 위해 대거 외국인 노동자들을 받아들이지만 일정 기간 이상 체류할 수 없는 순환정책을 실시하여 노동자들이 이민자가 되는 것을 방지하려고 했다. 영화는 외국인 노동자를 바라보는 독일사회의 시선을 담아낸다. 우선 외국인과 내국인 사이의 경계 짓기를 들 수 있다. 내국인과 외국인의 경계가 분명한 가운데 외국인 노동자는 다른 문화권에서 온 다른 인종으로 구분되고, 이 차이는 다름이 아니라 차별로 나타난다. 그들은 문화적으로나 인종적으로 독일사회에서 열등한 존재로 간주된다. 영화는 독일 여성 엠미가 비 오는 어느 날, 주로 아랍인들이 출입하는 술집에 들어서는 것으로 시작된다. 아랍문화를 고수하며 독일 내 섬처럼 떠 있던 장소에 독일 여성이 출현한 것은 그 자체로 시선을 끄는 일이다. 건물 청소부로 일하는 60대 엠미는 그녀 자신 계층, 나이, 성별 상으로 독일사회에서 타자화된 인물이라 할 수 있다. 쓸쓸한 엠미 앞에 나타난 알리는 독일에서 외국인 노동자로 살아가는 자신의 힘겨운 삶을 토로하고, 외롭고 소외된 두 사람은 공감대를 형성하며 급속도로 가까워진다. 20대 모로코 남성과 60대 독일인 여성의 사

9) 손님을 뜻하는 Gast와 노동자 Arbeiter를 합친 말로 손님노동자로 직역한 경우도 있지만 외국인 노동자가 우리말로 더 자연스럽게 들린다. 다만 손님이란 말을 붙일 경우, 단순히 외국인 노동자가 아니라 계약이 만기되면 독일을 떠날 자들이라는 원어의 뉘앙스가 더 살아나는 것은 사실이다.

랑과 결혼은 여러 겹으로 우리의 편견을 건드린다. 나이든 남성과 젊은 여성의 결합이라는 클리셰에 어긋나며, 백인 남성과 유색 인종 여성의 결합이라는 스테레오타입에서도 벗어나기 때문이다. 특히 젊음과 남성미로 무장한 남성과, 통상적인 멜로드라마의 여주인공에는 맞지 않는 외모의 여성이 사랑하는 모습은 시각적으로도 관객에게 낯설음을 안겨준다. 하지만 감독이 더 집중적으로 끌고 가는 주제는 역시 외국인에 대한 독일 사람들의 편견이다. 결혼 후 알리가 엠미의 집으로 들어오면서 두 사람의 관계는 외국인 노동자에 대한 독일 시민들의 시각을 가시화하는 일종의 실험 장치처럼 작용한다.

감독은 다소 도식적으로 세 부류로 나누어 독일인들의 반응을 보여준다. 엠미의 자식들, 식료품 상인을 비롯한 이웃들, 그리고 엠미의 직장 동료들이 그들이다. 알리가 엠미의 집으로 들어옴으로써 이방인을 내 가족, 내 이웃으로 인정하느냐 하는 민감한 문제가 발생한 것이다. 우선 엠미의 자식들은 검은 피부의 젊은이 알리를 보고 경악하고 어머니를 창녀라고 욕한다. 늙고 외로운 어머니의 감정 따위엔 관심이 없고 젊은 남자의 육체를 탐하는 점잖지 못한 늙은이로 비난한 것이다. 영화 내내 자식들은 경박하고 이기적이며 속물적으로 그려지면서 주체적인 어머니의 모습과는 대조를 이룬다. 이웃들은 두 사람의 일거수일투족을 감시하고 식료품 상인은 노골적으로 알리를 차별한다. 알리의 독일어를 이해했음에도 못 알아들은 척해서 알리에게 모욕감을 안겨준 것은 그 대표적인 예이다. 영화는 두 주인공을 향한 이웃들의 눈초리와 수군거림을 길게, 자주 카메라에 노출시키면서 이들이 이 두 타자를 어떻게 자신과 구분 짓고 접촉을 꺼려하는지 보여준다. 엠미의 직장 동료들은 엠미가 아랍 남자와 결혼한 사실을 알고부터 노골적으로 그녀를 따돌린다. 외국인은 추잡하고 불결한 존재이고 그 불결한 존재와 접촉한 사람마저 배제의 대상이 된 것이다. 파스빈더는 유색 인종 남성과 백인 여성의 결합이라는 이 '부자연스러운' 부부를 정지화면으로 길게 잡아주거나, 창문틀이나 문틀 속에 두 인물을 가두는 쇼트를 많이 사용하고, 혹은 다른 인물들이 연극적인 태도로 두 사람을 빤히 쳐다보는 정지화면을 보여줌으로써 혼종성이나 잡종성에 대한 당시 독일사회의 불안감과 배타적인 태도를 시각적으로 드러내는 데 성공하고 있다.

〈불안은 영혼을 잠식한다〉 중. 알리의 낯선 피부, 낯선 몸이 독일 여성들의 성적 호기심을 자극하며 전시의 대상이 된다.

그 가운데 눈에 띄는 것은 엠미의 주체적인 태도와 역할관계이다. 아랍어로 '키프키프'란 말은 '뭐, 어때. 괜찮아.'를 뜻하는데 엠미와 알리는 주변사람들로부터 모욕을 당하거나 상황이 어려울 때 이 말로 서로를 위로한다. 알리에게 이 말을 배우는 엠미는 남편 나라의 낯선 언어와 문화에 대해 개방적인 태도를 취한다. 독일문화를 주류문화로 설정하지도 않을뿐더러, 타문화에 대한 통합과 동화가 아니라, 공존을 의미하는 다문화를 지향하고 있는 셈이다. 유럽 및 백인 중심적인 사고로 아랍인을 배척하는 외부 환경이 적대적이면 적대적일수록 이들의 결속력은 커지고 두 주인공은 서로의 언어와 문화를 존중하며 애절한 사랑을 나누는 연인으로 부각된다. '키프키프'로 대변되는 엠미의 이 관용적인 태도는 하지만 영화 후반부로 넘어가면서 돌변한다. 그리고 그것은 '쿠스쿠스'란 아랍어로 모아질 수 있다.

주지하다시피 파스빈더의 영화는 브레히트로부터 많은 영향을 받았는데, 특히 '낯설게 하기' 효과는 영화 전체에서 지배적으로 나타난다. 위에서 언급한 바, 한 장면을 정지한 듯 길게 노출한 것이나 인물의 연극적인 태도는 그 대표적인 예이다. 뿐만 아니라 상황의 변화에 따라 인물들의 반응방식을 살펴봄으로써 일종의 사회과학적인 실험을 하는데 이 또한 브레히트의 연극미학을 떠올리게 한다. 〈불안은 영혼을 잠식한다〉 후반부에서, 곧 주변의 시선으로부터 힘겨워하던 엠미와 알리가 휴양 차 모로코로 여행을 다녀온 후, 주변인물들은 약속이나 한 듯 확연히 달라진 태도를 보인다. 알리와의 관계를 받아들이고 엠미를 이해하는 것처럼 행동하기 시작한 것이다. 물론 그들의 생각이나 입장이 하루아침에 바뀐 것은 아니다. 오히려 다들 각자의 속셈과 이익 추구를 위해 관용을 가장하고 있음이 밝혀지면서 이들의 인종차별적인 시각은 더욱 항구적으로 보인다. 자식들은 어린 손주를 돌봐줄 일손이 필요했고, 이웃은 엠미의 지하실을 사용하고 싶어 한다. 식료품상은 경쟁 가게로 인해 줄어든 수익을 높일 기회를 궁리 중이다. 동료들은 어떠한가. 그들은 젊은 남자를 둔 엠미를 부러워하고 이제 유고슬라비아 출신의 다른 노동자가 엠미의 자리를 대신하여 차별의 대상으로 지목된다.

이유야 어찌 되었건 엠미와 알리의 관계를 받아들이는 환경이 되자 아랍의 전통 요리인 '쿠스쿠스'가 문제된다. 폐쇄적인 독일사회에 지치고 고향을 그리워하던 알리가 아내에게 쿠스쿠스 요리를 부탁하자 아내는 이제 독일 음식을 먹고 독일 사람처럼 행동할 것을 요구한다. 알리와 타문화에 대한 엠미의 태도가 급변한 것이다. 우월적인 위치에 선 엠미의 이 고압적이고 폐쇄적인 태도는 알리가 동향 출신의 다른 여성과 하룻밤을 보내는 계기가 되고 두 사람의 결혼생활은 위기에 처한다. 이로써 감독의 관심은 외국인 노동자에 대한 차별 문제로부터 사랑이라는 사적관계에서의 권력 문제로 중심 이동하는 것처럼 보인다. 곧 사랑에도 권력관계가 있음을 보여주는 것인데, 하지만 여기서 권력의 서열은 유럽 및 백인 중심으로 이루어진다는 점에서 다시 주제는 인종차별로 수렴된다. 또 결말 부분에서 파스빈더는 외국인 노동자의 소외를 독일사회의 문제로 마무리 짓기를 잊지 않는다. 두 주인공이 극적으로 화해한 순간 알리가 쓰러지고, 그의 병은 외국인 노동자들이 독일사회에 적응하는 과정에서 얻게 된 스트레스로 인한 것으로, 곧 사회적인 병으로 진단된다.

이렇듯 파스빈더의 영화 〈불안은 영혼을 잠식한다〉는 70년대 독일사회를 살아가는 외국인 노동자 문제를 비교적 일찍, 또 흥미로운 방식으로 다루고 있다. 특히 파스빈더가 외국인 이민자에 대한 두 가지 시각을 선취하고 있다는 데 그 의의가 크다. 두 아랍어 키프키프와 쿠스쿠스는 다문화사회에 대한 두 가지 입장 차를 보여주는 말로, 키프키프가 서로 다른 문화 간의 상호존중과 공존을 말하고 있다면, 쿠스쿠스는 타문화를 주도문화에 동화시키려는 시각을 가리킨다고 할 수 있다.

(2) 파티 아킨의 〈미치고 싶을 때〉, 〈천국의 가장자리〉, 〈소울 키친〉: 떠도는 혼종성

1973년 함부르크에서 태어난 파티 아킨은 터키계 독일인이다. 이민 2세대로서의 경험에 천착하여 아킨은 데뷔작 〈짧고 고통 없이〉를 시작으로 이민자의 삶과 정체성 문제를 일관되게 다루고 있다. 그 중 〈미치고 싶을 때Gegen die Wand〉는 터키계 독일 이주민 2세대의 문화적 갈등과 정체성 혼란을 다룬 대표작에 속한다. 2004년 제 54회 베를린 영화제에서 금곰상을, 2005년 유럽영화작품상 등을 수상하고 독일에서만 76만 명을 동원, 흥행에도 성공하여 아킨의 이름을 세계에 알리는 데 기여한 영화이기도 하다. 90년대 중반 이후 등장한 새로운 영화세대의 대표주자로 아킨은 독일영화의 새로운 지평을 열었다는 평가를 받는다.

영화는 함부르크와 이스탄불을 배경으로, 터키계 독일인 차히트와 터키 이주민 2세대 시벨의 사랑 이야기를 섬세하고도 드라마틱하게 그린다. 5막으로 구성된 영화의 시작과 끝, 사이사이마다 이스탄불 보스포루스 해협을 배경으로 6인조 악단이 터키 전통악기를 연주하고 가수가 오케스트라의 반주에 맞추어 터키 민요를 부른다. 노래의 내용은 잇달아 올 내용을 암시하거나 인물의 심리상태를 표현해주는 기능도 한다. 함부르크 바에서 나오는 락 음악과 터키 전통 음악이 대조를 이루면서 이질적인 두 문화의 충돌과 갈등상황이라는 주제를 보다 효과적으로 부각시킨다.

두 주인공의 만남은 각각 자살과 자해를 하면서 병원에서 이루어진다. 두 인물의 내면이 불안하고 외적 상황과 충돌하고 있다는 데에서

영화는 출발하고 있는 것이다. 아내가 죽은 후 알코올 중독자로 무의미한 삶을 살던 중 차히트는 – 영화 제목의 독일어 원제인 – '벽을 향해' 만취한 채 자동차를 몰아 자살시도를 하는데, 마찬가지로 자해를 하고 치료를 받던 시벨을 병원에서 우연히 알게 된다. 보수적인 가족으로부터 벗어나기 위해 시벨은 차히트가 터키인 혈통이라는 이유로 위장결혼을 한다. 이슬람 문화를 고집하는 시벨의 가족을 속이기 위한 결혼이었지만 점차 서로에게 사랑의 감정을 느낄 즈음 질투심에 차히트는 우발적인 살인을 저지른다. 가족으로부터 쫓겨난 시벨은 수감생활을 하는 차히트를 이스탄불에서 기다리지만, 우여곡절 끝에 새로운 가정을 꾸린다. 영화는 두 사람이 재회하고 사랑을 확인하지만, 자신의 고향으로 함께 가자는 차히트를 시벨이 결국 따라가지 않고 남편과 딸 곁에 머무는 것으로 끝난다.

이민자 영화로서 이 영화에서 극도의 문화적 갈등상황에 놓인 인물은 단연 시벨이다. 그녀의 가족은 독일에 이주해서 살지만 이슬람 전통을 따르고 터키 가정으로서의 정체성을 유지하려 한다. 특히 가부장적인 성격의 이 가정은 여성에 대해 전통적이고 보수적인 입장을 취한다. 아버지가 가정에서 최고의 권위를 누리고, 어머니는 발언권이 없으며, 딸은 아버지와 오빠의 소유물로 취급당한다. 독일에서 태어난 20대 시벨은 이민 2세대로 독일문화의 영향을 받아 자유분방한 서구의 삶을 동경하는 인물이다. "난 살고 싶어. 춤추고 싶어. 섹스 하고 싶어, 한 사람하고만 말고."라는 시벨의 대사를 보면, 자신의 터키 가정에서 시벨이 '삶'을 구가하지 못함을, 또 그녀가 생각하는 삶이란 자유분방한 성 생활이라는 피상적인 이해에 머물고 있음을 알 수 있다. 이는 그녀를 분열 상태로 가져가는데, 실제 가족들과 있을 때 시벨은 얌전한 복장에 조신하게 행동하는 데 반해, 클럽에서는 음주, 마약, 흡연, 섹스 등 한계치를 넘나드는 광적인 모습을 보인다. 누구보다 자유롭고 충동적인 삶을 희구하는 20대 젊은 여성에게, 외간 남자와 손을 잡았다고 오빠가 코뼈를 부러뜨리는 그녀 가정의 분위기가 얼마나 갑갑하고 억압적으로 다가왔을지 미루어 짐작할 수 있다. 영화는 시벨의 가정을 통해 이슬람 문화의 가부장적인 특성과 남녀 불평등 구조를 가시화하는 데 많은 부분을 할애한다. 어머니는 아버지 앞에서 주눅이 들어 딸을 변호하지 못하고, 딸은 어머니가 입을 상처 때문에 가출할 엄두도 못 낸다. 시벨의 결혼이 파경을 맞자 아버지는 딸의 사진을 태우며 딸의 존재를 부정하고 오빠는 가족의 명예를 위해 동생을 위협한다. 가족의 보수적인 전통(터키문화)과 자유로운 사회 분위기(독일문화) 간의 간극에서 시벨은 정체성의 혼란을 느끼며 결국 자기 비하와 자기 파괴적인 성향을 보인다.

〈미치고 싶을 때〉 중. 차히트는 터키 전통 혼례식에서 그 자신 터키 혈통임에도 불구하고 이질감과 낯설음을 느낀다.

이에 비해 차히트는 터키 혈통을 지녔지만 터키문화와는 관련이 없는 이민자로 등장한다. 터키어를 '포기'했다고 하고 독일어가 더 익숙한 차히트는 자국의 문화를 고수하는 시벨의 가정이 낯설기만 하다. 가짜 삼촌을 데리고 가 터키 관습대로 장인의 손에 입을 맞추며 딸을 달라고 청혼하고 터키식 혼례를 치르는 모습은 그에게 연기일 뿐 터키 문화를 자신의 문화로 여기지 않는다. 터키 남성들과도 확연히 구분된다. 이슬람 전통과 가치체계를 고수하는 터키 남성들에게 차히트는 낯선 존재이다. 감독은 아웃사이더 차히트의 입을 통해 남성중심의 터키문화를 비판한다. 여성들에게 순결과 정조를 강조하면서 자기네들끼리는 사창가 출입을 자랑하는 터키 남성의 이중 잣대에 대해 차히트가 거칠게 조롱하기 때문이다. 차히트를 보면 한 문화에 대한 정체성은 혈통이나 출신에 의해 정해지지 않음을 알 수 있다. 하지만 그렇다고 차히트를 독일사회에 성공적으로 통합된 인물로 볼 수도 없다. 공연장에서 병 줍는 일을 하며 술에 절어 사는 그는 독일사회의 주변인이라 할 수 있다. 물론 그것을 독일사회에 정착하지 못한 이민자 문제로 돌리기엔 영화가 주는 정보가 너무 적다. 오히려 아내의 죽음이 차히트에게 삶의 의미를 앗아갔음을 짐작할 따름이다. 독일인과의 관계에 대해서는 정신병동의 독일인 의사가 짧은 에피소드이지만 언급할 만하다. 환자인 차히트의 이름을 보고 외국인임을 안 의사가 그의 자살 시도를 냉소적으로 대하며 차라리 독일을 떠나 아프리카에 가서 의미 있는 일을 해 보라고 충고한다. 차히트의 현 상태에 대한 이해와 관심보다는 자신이 가진 이성적인 잣대로 그를 분류하고 배제하는 의사의 태도에서 유럽중심적인 시각을 읽어낼 수 있다. 물론 그의 태도를 독일시민 일반의 것으로 돌릴 수는 없지만, 독일 내 이방인에 대해, 특히 독일적인 규범과 맞지 않는 이방인에 대해 독일사회가 어떤 입장을 취하는지 감독은 관객들로 하여금 짐작하게 한다. "나는 개가 아니야, 똥개가 아니야."라는 차히트의 대사나, 시벨과 차히트에게 "너희 개 같은 인간은 내려라!"고 소리친 버스기사의 말은 파스빈더의 〈불안은 영혼을 잠식한다〉에서 알리가 한 말 "독일인은 주인, 아랍사람은 개"라는 말을 연상시킨다.[10] 이로써 30년의 세월이 지나도 외국인 근로자에 대한 독일의 정서가 크게 달라지지 않은 것은 아닌지 물을 수 있다. 덥수룩한 머리와 수염, 아무렇게나 걸쳐 입은 옷, 거친 언행 등 차히트는 청결과 질서를 지향하는 독일사회에는 어울리지 않는 인물이다. 마약과 술에 취한 차히트가 던지는 거친 대사들은 그의 고독과 좌절감, 불안한 정서를 드러낸다. 결국 그는 터키 문화에도, 독일 사회에도 뿌리내리지 못한, 정체성 부재의 인물이라고 할 수 있다. 시벨을 찾아 이스탄불로 갔을 때 그녀의 사촌에게 자신의 진심을 전달하는 데 사용된 언어가 독일어도, 터키어도 아닌 세계어 영어라는 점도 눈여겨 볼만 하다.

이렇듯 독일에서 정체성 혼란을 겪던 두 인물이 결국 터키로 돌아가는 결말을 어떻게 받아들여야 할까? 이스탄불에서 가정을 꾸린 시벨은 완연히 달라진 모습을 보인다. 여성의 전통적인 역할을 받아들이고 터키인으로 정착해서 살아가는 것처럼 보인다. 카메라의 움직임도 함부르크에서는 빠른 컷 중심으로 인물의 불안한 정서를 반영하

10) 최석희: 다문화관점에서 본 독일영화. 〈불안은 영혼을 잠식한다〉와 〈미치고 싶을 때〉를 중심으로. 실린 곳: 헤세연구 26집(2011). 235-253. 244쪽.

고 있다면, 이스탄불에서는 주로 긴 숏을 사용하여 차분한 분위기에서 인물의 안정적인 심리를 시각화한다. 하지만 영화는 미묘한 여운을 남기고, 그녀의 기질과 열정이 앞으로 어디로 튈지 상상하는 것은 관객의 몫으로 남는다. 남편과 딸의 웃음소리가 들리는 가운데 외따로 생각에 잠긴 시벨이 클로즈업되기 때문이다. 차히트 또한 독일이 아닌 자신의 고향으로 돌아가 결국 두 주인공이 독일을 떠나 터키로 돌아간 셈이 된다. 하지만 그들이 찾은 곳이 가정이든 고향이든 터키에서의 그들 삶은 터키인들의 그것과는 차이가 있을 것이다. 터키문화에서도 낯설음을 느낄 것이며 또 어딘가로 떠나야 할지 모른다. 결국 영화는 두 이방인을 통해 문화의 경계에 선 인물들이 정체성 혼란을 겪고 이 혼종성이 받아들여지지 않는 한 갈등과 분열 상태가 끝나지 않을 것임을 여지로 남겨둔다.

2007년에 나온 〈천국의 가장자리Auf der anderen Seite〉는 〈미치고 싶을 때〉로 시작한 삼부작 '사랑, 죽음, 악마' 중 두 번째 작품에 해당된다. 이 영화로 아킨은 제 60회 깐느 영화제에서 각본상 및 심사위원 특별상을 수상하고, 2007년 오스카 영화제에서 외국어부문 최우수영화 후보에 오르면서 세계적인 감독으로 자리를 굳히는 데 성공한다.

영화는 독일 브레멘과 함부르크, 터키 이스탄불을 배경으로 세 가정의 얽히고설킨 관계를 퍼즐을 맞추듯 풀어간다. '이테르의 죽음Yeters Tod', '로테의 죽음Lottes Tod', '다른 편에서Auf der anderen Seite'라는 소제목을 달고 영화는 세 가지 에피소드로 구성되는데, 앞의 두 에피소드는 같은 시간대에 평행하게 이루어진 사건들이고 이 서로 다른 사건들이 마지막 에피소드에서 하나의 이야기로 수렴된다.

터키에서 이주해 독일에서 은퇴자로 살아가는 알리와 독문학과 교수가 된 그의 아들 네자트, 딸의 학업을 위해 매춘부로 독일에서 일하는 터키 출신의 이테르와 터키에서 반정부 활동을 하는 그녀의 딸 아이텐, 이혼 후 딸과 살고 있는 중년의 독일 여성 수잔네와 그녀의 대학생 딸 로테. 서로 다른 이 세 가족은 온전한 가족 형태를 갖추지 못했다는 공통점이 있다. 아무런 관련 없는 이 세 가정이 운명처럼 얽히게 된 발단은 알리가 매춘부 이테르를 우연히 죽게 만드는 데에서 비롯된다. 알리는 독일에서 추방당하고, 네자트는 속죄하는 마음으로 이테르의 딸 아이텐을 찾기 위해 이스탄불로 온다. 한편 아이텐은 폭력시위에 가담한 후 터키 경찰의 추적을 피해 독일로 숨어 들고 어머니를 찾아가는 과정에서 로테와 사랑하는 사이가 된다. 독일경찰에 체포된 후 아이텐이 터키로 이송되자, 로테가 그녀를 돕기 위해 이스탄불로 오지만 우연한 사고로 목숨을 잃는다. 수잔네는 딸이 죽은 곳 이스탄불로 와 출소한 아이텐을 보살펴 주기로 약속하고, 네자트는 아버지를 찾아 화해의 여정을 떠나는 것으로 영화는 끝난다. 이 복잡하게 얽힌 이야기가 사실은 대칭구조로 이루어져 있다. 독일 모녀 사이에서는 딸이 죽고, 터키 모녀 사이에서는 어머니가 죽는다. 그 결과 독일인 어머니가 터키인 딸을 새로운 가족으로 받아들인다. 그 가운데 터키인 이주민 부자는 어떤 역할을 하는가. 아버지는 가해자가 되고 아들은 속죄의 의식을 기꺼이 떠맡는다. 그리하여 영화는 종국에 이르러 용서와 화해의 메시지를 던진다.

이 영화에서 우선 두드러지는 것은 세대 간의 갈등이다. 부모 자식

간의 소통과 이해의 문제는 언어와 문화권을 초월해서 나타난다. 우선, 독일인 모녀를 보면 유럽 중심주의적인 시각을 가진 어머니는, 독일문화에 협소함을 느끼고 세계를 향해 열린 시각을 가진 딸을 이해하지 못하는데, 이방인 아이텐이 집으로 들어오면서 갈등은 분노로 폭발한다. 터키 이주민 가정의 부자도 소통에 어려움을 겪기는 마찬가지이다. 아버지는 독일에 살고 있지만 여전히 터키 문화에 뿌리를 두기도 하거니와 구세대로서 여성에 대해 가부장적이고 남성 중심적인 시각을 가지고 있어, 아들은 이런 아버지와의 소통에 한계를 느낀다. 더욱이, 달리 고등교육을 받지 못하고 자식을 위해 희생하며 일만한 아버지와 달리 독문학과 교수가 된 아들은 독일의 인문학적 교양의 전통을 따르고 있다. 아버지는 천박한 말로 아들의 성 생활을 묻고 아들은 아버지에게 읽으라고 책을 주는 식이다. 이 두 가정에 이테르와 아이텐 모녀가 각각 피난처를 찾고 도움을 구한다. 자국의 여성이 매춘을 한다는 이유로 터키 남성들이 위협을 가하자 이테르는 알리의 집에 피난처를 찾게 되고, 오갈 데 없는 아이텐에게 로테는 음식과 방을 내준다. 물론 아버지 세대인 알리는 이테르의 성을 독점하여 구매하는 모양새이고 딸 세대인 로테는 약자에 대한 보살핌과 포용으로 아이텐을 받아들이는 것이므로 도움의 성격은 명백히 다르다. 앞의 두 에피소드를 종합해 보면 결국 시간적으로 볼 때 이 두 모녀가 각각 이주민 가정과 독일인 가정으로 들어오게 된 것이다. 이 오갈 데 없는 모녀에 대해 부모 세대의 반응은 크게 다르지 않다. 알리는 이테르의 성을 남성적 시각에서 착취하고 독점하려 하며 독일의 중산층인 수잔네는 이방인을 경계하고 배척하는 태도를 보인다. 알리와 수잔네, 이들은 여성과 이방인에 대해 보수적이고 폐쇄적인 시각을 가진 구세대를 대변한다. 반면에 자식 세대들은 영화에서 미래지향적이고 책임감 있는 태도를 보이며 긍정적인 모습으로 그려진다. 알리의 아들 네자크는 아버지를 대신 해 속죄의 길을 나서고, 로테는 수감된 아이텐을 돕기 위해 홀로 이스탄불을 찾으며, 아이텐은 현실정치에 적극 참여하는 주체적인 모습을 보인다. 이들 자식 세대들은 현실참여, 책임감, 타자에 대한 열린 태도 등을 보이며 폐쇄적이고 보수적인 부모세대의 인식을 넘어서고 있다. 그런데 이 두 가정의 세대 간 갈등은 죽음을 매개로 극복된다. 수잔네는 딸의 죽음 후 딸의 연인을 받아들임으로써 – 비극적인 방식이나마 – 딸과 화해를 하고 네자트는 고기잡이 나간 아버지를 기다리는 것으로 영화는 막을 내린다. 이 장면은 생선 요리를 하며 아들을 맞아주던 영화의 도입부와 연결되면서 부자의 화해를 예고한다.

다음으로 눈에 띄는 것은 소수문화 및 소수자에 대한 이야기이다. 그 중심에는 이테르와 아이텐 가정이 있다. 1978년 남편을 잃었다는 이테르의 말로 볼 때 터키에서 수니파에 의해 시아파가 대학살될 때 희생된 것으로 추측해 볼 수 있는데, 이로써 이 가정은 터키 내에서도 이미 소수자에 속한다.[11] 터키 내 주류문화를 피해 독일에서 매춘부로 일하는 이테르는 문화적으로나 계층으로나, 또 젠더의 관점에서도 타자화된 존재이다. 반정부 활동을 벌이다 터키를 떠나야 했던 딸 아이

11) 김진숙: 독일영화 속 다문화 사회통합 모델. 영화 〈천국의 가장자리〉와 〈나의 가족 나의 도시〉를 중심으로. 실린 곳: 인문과학연구 33집(2015). 163-192쪽. 171쪽 참조.

텐도 소수자이긴 마찬가지이다. 지하조직에 속한 그녀의 존재에 대해 가까운 친척조차 소식을 모른다. 독일에서 각각 일터를 속이고 가명을 쓰는 두 모녀에게 상봉의 기회는 주어지지 않는다. 독일 내 소수문화에 속하지만 알리네 가정은 형편이 조금 나아 보인다. 물론 알리가 독일문화에 통합되지 못하고 겉도는 모습은 이테르와 매마찬가지이다. 아들의 뒷바라지가 끝난 알리에게 노년의 삶은 외롭고 공허해 보인다. 그의 유일한 낙은 경마장 출입이고, 그가 찾은 카페에는 비슷한 처지의 이주자들이 눈에 들어온다. 하지만 그는 이테르 모녀의 상황에 비하면 상대적으로 우위에 있다. 이테르의 성을 사고 지배하는 위치에 있으며, 갈 곳 없는 아이텐하고도 비교가 안 된다. 특히 이테르와의 관계를 보면 독일 내에서 소수문화를 유지하며 섬처럼 사는 이민자들 간에도 권력관계가 존재함을 확인할 수 있다. 같은 터키인이라는 이유로 이테르를 위협하는 익명의 터키 남성들과, 이테르에 대한 알리의 지배욕과 폭력적인 태도를 통해 감독은 〈미치고 싶을 때〉

〈천국의 가장자리〉 중. 수잔네와 아이텐의 갈등이 고조되는 가운데 체리파이를 만들기 위해 체리 씨를 골라내는 장면이 연출된다.

에 이어 이 영화에서도 이슬람 문화가 여성에게 가하는 폭력을 묘사하고 있다.

이민자나 소수자를 독일사회는 그렇다면 어떻게 대하고 있는가? 영화에서는 두 가지 가능성을 보여준다. 바로 네자크의 경우처럼, '성공적으로' 독일문화에 통합되는 것이다. 네자크가 독일문학 전공 교수로 등장한 것은 우연이 아닐 것이다. 혁명에 대해 보수적인 태도를 보이는 괴테의 문장을 인용하는 네자크는 독일인보다 더 독일문화에 정통한 것처럼 보인다. 하지만 그런 그가 교수직을 버리고 터키로 돌아간 것은 완전한 동화 또한 어려움을 말한다. 또 다른 가능성은 수잔네의 태도에서 보인다. 수잔네는 '낯선' 아이템에 대한 거부감을 노골적으로 드러내고 자신의 집에서는 자신과 같은 식으로 행동할 것을 요구한다. 수잔네가 체리 파이를 만들기 위해 체리 씨를 하나하나 골라내는 모습은 이 문맥에서 의미심장하다. 이방인들이 동화나 문화적 통합에 동의하지 않을 경우, 나와 다른, 낯선 문화로부터 온 존재들을 배제하고 배척하는 주류문화의 태도를 암시하는 행동이기 때문이다. 감독은 어머니의 폐쇄적인 태도가 결국 딸의 죽음을 초래한 것으로 이야기를 전개하면서 이방인에 대해 적대적인 입장을 취하는 독일시민들에게 일침을 놓고 있다. 그렇다고 이것이 비단 독일만의 문제일까. 이스탄불에서 서점을 운영하던 독일인은 '박물관처럼, 마치 라틴어처럼 죽은 듯' 살았다며 터키 이민생활을 청산하고 독일로 돌아간다. '우리'와 '그들'로 경계짓기를 하는 한 어느 문화권이건 이민자들을 타인으로 밀어낼 수 있음을 영화는 암시한다.

그런데 다문화사회에 대한 이 영화의 독특한 시각은 어느 한 쪽에 고정되지 않고 흘러가는 혼종성을 보여준다는 데 있다. 대개 독일 다문화사회와 관련하여, 독일문화에 중심을 두고 이주자의 통합과 정체성 문제를 다루는 경향이 많은데 이 영화에서는 독일과 터키, 독일문화와 터키문화가 상호적으로 흘러가고 소통하는 면을 관찰할 수 있다. 심지어 죽음조차 공평한 시각으로 처리된다. 터키 여성은 독일에서 죽음을 맞아 그 관이 터키로 이송되고, 독일 여성은 터키에서 죽고 역시 독일로 관이 보내지는 장면이 방향만 다를 뿐 거의 동일한 모습으로 노출된다. 또 인물들은 한 곳에 정주하지 않고 국경과 문화권을 넘어 이동하고 흘러간다. 알리는 터키로 추방당하고, 그의 아들은 함부르크 대학 교수직을 버리고 이스탄불에서 서점을 운영하며, 아이텐은 이스탄불에서 함부르크로 다시 이스탄불로 오며, 수잔네는 딸의 흔적을 찾아 터키로 온다. 수잔네와 아이텐이 이스탄불에서 머물게 될 곳은 일시적인 거처이고 네자트의 삶도 한 곳에 고정되어 있지 않다. 이들은 언제든 어디로든 흘러갈 수 있는 것처럼 보인다. 그것이 독일이든 터키이든, 기독교 문화권이든 이슬람 문화권이든 이제 중요하지 않다. 특히 이스탄불이나 이슬람 문화가 유럽의 타자가 아닌, 독자적인 도시요 대등한 문화로 그려진다. 유럽 문화에 대해 우월적인 태도를 취하며 터키의 EU 가입문제를 비판하던 수잔네가 딸을 잃은 후, 이스탄불의 집 앞에서 하릴없이 장기를 두는 터키인 이웃들에게 인사를 건네는 장면은 바로 딸인 로테가 한 행동과 일치한다. 이는 어머니가 가졌던 유럽 중심적인 시각이 교정되었음을 보여주는 장면이다. 또한 터키인 아이텐에게 도움의 손길을 내밀고 보살핌을 약속함으로써 독일과 터키의 문화가 주종관계가 아니라 대등한 관계로 뒤섞일 수 있음을 예고한다. 수잔네는 아이텐과 함께 언어와 문화의 차이를 넘어서 그야말로 '상호문화적인 맥락'에서 새로운 형태의 가족을 꾸리게 될 것이다. 하지만 무엇보다 혼종성은 네자트에게서 보다 분명해진다. 독일문학을 전공한 이민 2세대 터키인은 독일인인 동시에 터키인이거나, 혹은 독일인도 터키인도 아닌 경계에 있는 인물이라고 할 수 있다. 〈미치고 싶을 때〉와 달리 이 영화에서는 독일문화에 정착한 네자트를 통해 정체성이 하나의 문화권, 동일한 언어권으로 소급되지 않지만 주체성 있는 태도를 가질 수 있음을 보여준다. 그에게 독일문화와 터키문화는 주종관계가 아니라 상호소통하며 공존 가능한 서로 다른 문화일 뿐이다. 영화 말미 수잔네와 네자트가 함께 바라보는 이슬람의 바이람 축제[12] 행렬은 독일문화와 터키문화의 접점이 된다. 바이람 의식을 들려주며 네자트는 새삼 부성애를 깨닫게 되고 수잔네는 비슷한 이야기가 독일에도 있다고 말함으로써 문화 간의 간극이 좁혀진다. 또 네자트가 인수한 이스탄불의 독일어 전문서점, 책상 위에는 독일국기와 터키국기가 나란히 걸려 있다. 터키의 수도 이스탄불에서 터키인 독일 이주민이 독일도서를 파는 모습은 우열 없이 동등한 입장에서 두 문화가 뒤섞이는 다문화사회의 성격을 예감하게 한다.

---

12) 이슬람 문화권 최고의 종교 축제로 양을 제물로 바친다. 신이 이브라힘의 신앙심을 시험하기 위해 아들을 제물로 바치라고 명령하고, 이를 따라 아들을 찌르려던 순간 칼이 무뎌지고 신은 만족하여 아들을 살려주고 양 한 마리를 보낸다. 그리하여 아이 대신 양을 제물로 바치게 되었다는 이야기. 영화에서 이 이야기를 들려주며 네자트는 신에게조차 아들을 내놓지 않겠다던 아버지의 사랑을 떠올리게 되고, 수잔네는 이슬람문화가 기독교문화와 크게 다르지 않음을 깨닫게 된다.

2009년에 개봉한 〈소울 키친Soul Kitchen〉은 앞선 영화와 달리 유머러스하게 독일 다문화사회를 그려낸다. 독일 함부르크를 배경으로 동명의 레스토랑에서 벌어지는 유쾌한 이야기를 담고 있는 이 영화로 아킨은 베니스영화제 심사위원 특별상을 수상하며 역대 최연소로 세계 3대 영화제 경쟁 부문을 모두 석권한 독일의 천재 감독으로 자리를 굳히게 된다.

주인공 지노스는 그리스계 이민자로 허름한 공장건물에서 소울 키친이라는 식당을 경영하는데, 기실 요리에는 별 관심이 없다. 상해로 떠난 애인을 따라 가기 위해 형에게 식당을 맡기지만 어수룩한 형은 건물에 눈독을 들인 부동산업자에게 소유권을 넘기고 만다. 우여곡절 끝에 식당을 되찾고 지노스는 새로운 사랑을 찾는 것으로, 영화는 해피엔딩으로 막을 내린다.

영화의 대부분 장면은 제목처럼 레스토랑 안이다. 이곳의 주된 고객은 인근의 노동자나 서민들, 락 음악을 연주할 연습공간이 필요한 젊은이들이다. 그런데 영화에서 그리스 이민자라는 사실이 인물의 정체성이나 사건 전개에 영향을 미치지 못할 정도로 형제는 독일인으로 살아가는 데 문제가 없어 보인다. 물론 형은 수감된 상태이며, 동생은 허름한 식당을 경영하는 것으로 보아 독일사회의 주류로 편입되지 못했음을 짐작해 볼 수 있다. 하지만 그것이 제도적인 문제인지, 사회문화적인 분위기로 인한 것인지 감독은 설명하지 않는다. 여기서 식당은 근엄하고 규범적인 독일의 주류문화에 대해 해방적이고 자유로운 대안문화의 성격을 지닌다. 거기에는 가난한 노동자, 음악가, 청년들 등 주류문화에 편입되지 못한 계층이 주로 출입하고 그들의 중심에는 이 이민자 형제가 있다. 이로써 사회 주변인들 간 유쾌한 연대의 장이 마련된다. 이 영화에서 감독은 앞선 영화와 달리, 다문화사회가 안고 있는 문제점들에 집중하기보다 문화적 정체성이 더 이상 문제되지 않는 혼종적인 공간을 '소울키친'이라는 이 식당에 담아내고 있다. 원래는 가건물에 열정 없이 싸구려 음식을 내오던 식당이 수감 중인 말썽꾸러기 형이 합류하고 고급 레스토랑이 성에 맞지 않는 괴짜 셰프가 요리하면서 주변인과 비주류의 사람들이 음식, 사랑, 음악으로 한데 어우러지는 공간으로 재탄생한다. 여기서는 출신과 나이, 학식과 교양으로 사람을 구분하지 않는다. 최음제가 섞인 디저트로 디오니소스 축제가 벌어지고, 호시탐탐 식당을 차지하려던 부동산업자도, 밀린 세금을 징집하던 관청 직원도 '사랑'으로 하나가 되는 우스꽝스러운 장면이 연출되기도 한다. 특히 식당의 청결과 위생을 문제 삼던 관청 직원은 질서를 추구하는 독일인의 전형이기도 한데 감독은 이성을 잃은 그녀의 모습을 통해 독일인을 풍자하고 있다. 주류와 비주류, 젊은이와 늙은이, 독일인과 이민자가 뒤섞인 풍경이야말로 독일이 지향해야 할 다문화사회임을 영화는 말하고 있다.

이처럼 영화에서 감독은 이민자 문제에 있어서 〈미치고 싶을 때〉나 〈천국의 가장자리〉와는 확연히 다른 태도를 보인다. 앞의 두 영화가 이민자의 문화적 통합과 차이를 인물의 비극적인 상황과 분열 상태로 풀어냈다면, 이 영화에서는 문화의 차이가 더 이상 문제되지 않으며, 다른 문화, 다양한 계층의 사람들이 열린 공간에서 즐겁게 소통할 수 있음을 유쾌한 톤으로 그려낸다. 그 만큼 카메라 기법도 달라진다. 앞선 두 영화에서 주인공의 고통과 분열을 드러내기 위해 자주 인물의 얼굴과 상반신이 클로즈업되는 데 비해, 〈소울 키친〉에서는 다양한 계층의 사람들로 가득 찬 레스토랑을 화면으로 크게 잡아주는 풀숏이 자주 등장한다. 그런데 감독의 바람이 들어간 탓인지 영화는 인물의 갈등상황을 비현실적인 방식으로 해소시킨다. 예를 들어 형의 잘못으로 레스토랑의 운영권을 뺏긴 지노스가 서류를 되찾아 오기 위해 부동산업자의 사무실에 침입하는 범법행위를 저지르는데 상황의 심각함에 비해 코믹한 상황들이 연출되고, 위기에 처한 식당을 되찾아 오는 방식도 비현실적이다. 영화적 재미에 치중하느라 현실문제로부터는 멀어진 감이 있지만 이민자의 이야기를 더 이상 문화갈등의 프레임으로 보지 않는 것 또한 하나의 진일보한 시각일지도 모르겠다. 예컨대 그리스 출신 이민자가 경영하는 식당에 그리스 전통 음식이 등장하지 않을 정도로 이 영화에서는 문화의 동화나 통합에 대해서 함구하고 있다. 영화는 이로써 이민자 동화(同化)의 문제를 하나의 따뜻한 동화(童話) 같은 이야기로 덮어버린다.

(3) 안드레아 쉬타카의 〈젊은 여자〉: 이민에 대한 세 가지 자세

1973년생 스위스 감독인 쉬타카는 2006년에 만든 영화 〈젊은 여자 Das Fräulein〉로 로카르노 국제영화제, 사라예보 영화제, 스위스 영화제에서 연이어 수상을 하면서 그 이름을 세상에 알렸다. 이 영화는 유고슬라비아 붕괴와 발칸반도에서의 전쟁을 배경으로 스위스에 오게 된 이민자들의 삶과 애환을 다루고 있는데, 취리히에 정착(혹은 도착)한 이민자 여성들의 이야기에 집중하고 있다는 점에서 특색 있다. 앞에서 살펴본 영화들이 대부분 새로 정착한 사회에서 겪는 이방인의 문화적 갈등이나 비주류로서의 삶을 그리고 있다면, 이 영화는 이민자 자신들이 이민에 대해 어떤 입장을 취하는지 보여준다.

영화에는 세르비아인 루자, 크로아티아인 밀라, 사라예보 출신의 아나 세 명의 이민자 여성이 등장하는데, 이들은 이민의 세 가지 유형을 각기 보여준다. 중심에 있는 인물은 취리히에서 제법 장사가 잘 되는 식당을 홀로 경영하는 중년의 여성 루자이다. 이 인물이 어떤 배경을 가지고 어떤 연유로 낯선 곳에 정착하게 되었는지 관객은 자세히 알지 못한다. 이는 무엇보다 루자가 자신의 과거와 단절되기를 원하기 때문이다. 영화에서 몇 번 클로즈업되는 작은 상자 속에다 루자는 자신의 과거사와, 그에 얽힌 자신의 감정을 꽁꽁 가둬 버린 것처럼 보인다. 나중에 아나에게 들려주는 이야기로 보면 같이 스위스로 오기로 했던 남자친구가 결국 오지 않았고, 그로 인한 상처로 인해 25년 이민생활을 고독하게 하고 있는 것으로 추측해 볼 수 있다. 식당을 경영하며 물질적으로 제법 성공한 것처럼 보이는 루자지만 그녀는 막상 전혀 행복해 보이지 않는다. 세상에 대해 마음의 문을 닫고 냉철한 사업가로 변신, 묵묵히 자신의 일에만 집중할 뿐이다. 영화 앞부분에서 클로즈업 된, 손목에 선명하게 난 시계자국에서 짐작할 수 있는 것처럼 그녀는 스위스에 정착하기 위해 오직 일만 하며 근면 성실한 삶을 살아왔다. 그녀가 금고를 관리하거나 돈을 세는 장면이 여러 번 노출되는데, 그녀에게 경제적 안정은 이민자로 살아가는 데 그 무엇보다 중요한 것처럼 보인다. 직원이나 주변 사람들을 사무적으로 냉정하게 대하는 것도 같은 맥락으로 이해된다. 가족, 고향, 조국을 떠나 의

식적으로 과거 기억을 지우며 오직 현실에 적응하고 생존하는 것만이 이민자로 살아가는 그녀 삶이었음을 짐작하게 한다. 자신의 나라로 돌아갈 곳도, 돌아갈 마음도 없는 루자는 자신의 과거 정체성을 지우고 새로 선택한 나라의 언어와 문화에 필사적으로 적응하고자 한다. 그녀가 유고슬라비아어로 말을 걸어도 유독 독일어를 고집하는 이유이다.

루자의 식당에서 일하는 60세 밀라는 루자와는 다른 이민자 유형을 보여준다. 그녀의 남편은 그 동안 모은 돈으로 고향 크로아티아에 집을 짓고 있다. 이민자로서의 삶은 유예된 삶이며 귀향이 최고의 목표인 것이다. 그런데 영화는 아내도 귀향을 진정으로 바라고 있는지 의심스러운 시선으로 바라본다. 남편은 아내의 소망을 알지 못하고 의견을 묻지도 않는다. 자식들이 스위스에 살고 있을 뿐만 아니라, 귀향이야말로 서유럽보다 더 전통적이고 가부장적인 사회로 돌아가는 것임을 아내는 예감한다. 영화는 고향의 집이 완성되어 그녀가 결국 돌아갔는지 보여주지 않는다. 이민자의 삶이 유예된 삶일 수 있음을 보여줄 따름이다.

한편 경제적으로 안정을 찾았지만 주변 사람들과 아무런 교류 없이 살던 루자에게 서서히 변화가 일어나게 되는데, 보스니아 내전으로 인해 취리히로 오게 된 젊은 여성 아나를 알게 되면서부터이다. 아나는 당장 갈 곳도 먹을 것도 없으면서도 자신이 가진 몇 푼의 돈과 담배도 남에게 나눠줄 정도로 경제적 개념이 없고, 클럽에서 만난 사람과 하룻밤을 보내는 등 즉흥적이고 찰나적인 삶을 즐긴다. 우연한 계기로 루자의 식당에서 일하게 된 아나는 식당 손님들과도 즐겁게 이야기를 나누고 루자의 생일날 깜짝 파티를 열어주는 등 식당 분위기와 루자의 삶에 변화를 가져다준다. 루자가 자신을 연모하던 남자와 하룻밤을 보낸 것도 아나의 등장이 가져다 준 변화 중 하나이다. '젊은 여자' 아나가 화석처럼 살던 루자에게 삶의 에너지를 되찾게 해 준 것이다. 하지만 정작 그녀 자신은 불치병에 걸려 있음이 나중에 밝혀지고 병원치료를 위해 루자가 돈을 내놓지만 아나는 병원에서의 죽음을 거부하고 길을 떠난다.

아나는 앞선 두 중년 여성 이민자와는 다른 양상을 보인다. 루자와 밀라가 이민자의 정착 의지와 회귀 가능성을 보여준다면 아나의 경우엔 아예 정착할 마음이 없어 보인다. 그녀에게 취리히는 최종 목적지도 아니었다. 히치하이킹으로 이 도시에 나타난 아나는 다시 히치하이킹으로 이 도시를 떠난다. 그녀는 일정한 주거도 없으며 정착이나 회귀에 대한 의지도 없다. 물론 영화는 백혈병을 앓고 있는 아나가 내일이나 미래가 아닌 오늘, 현재의 삶을 즐기고 만끽하는 것으로 설정하고 있다. 하지만 '젊은 여자' 아나의 모습은 어디든 기착할 수 있고 또 다시 다른 곳을 찾아 흘러갈 수 있는 젊은 세대의 노마딕한 삶을 표상한다고 할 수 있다. 이들에게 민족, 국가, 문화의 경계선은 그리 중요하지 않은 것처럼 보인다. 아나가 새로운 사회에 별로 낯설음을 느끼지도 않고, 젊은이들의 만국 공통어 팝음악에 취해 춤을 추고 에피소딕한 관계를 맺는 것도 젊은 세대의 이런 경향을 말해준다. 새로운 거처를 구하지 않는 이방인 아나는 대등한 관계 속에서 스위스인들을 대한다. 사라예보의 상황에 대한 질문에도 상처받지 않으며, 얼마 남지 않은 돈과 마지막 담배를 행인에게 나눠주는 모습은 대개 수

혜자의 위치에 있는 피난민의 자리를 뒤바꿔 놓는다. 루자와 밀라가 이민 1세대로 각각 이민자로서의 정체성을 추구하거나 포기하면서 여전히 고향과 타향, 조국과 이국의 이분법적인 구분 하에 있다면, 젊은 세대 아나에게는 이 이분법적인 경계 자체가 의미 없어 보인다. 다만 아나의 이 부유하는 삶이 결국 불치병 때문이라는 설정으로 감독은 경계 없는 삶이 현실적으로 얼마나 실현가능한지에 대해서는 물음표를 던지고 있다.

3. 이민자 이야기 – 돌아갈까? 남을까?

지금까지 살펴본 세 감독의 영화를 보면 다문화사회를 담아내는 독일영화의 몇 가지 특징을 확인할 수 있다. 우선 파스빈더의 경우는 독일 내부의 시선으로 외국인 노동자에 대한 독일사회의 편견과 우월의식을 폭로한다. 70년대 독일사회를 배경으로 하는 그의 영화는 전후 독일의 경제건설을 위해 유입된 독일 노동자의 상황과 처지를 반영한다. '나'와 '너'의 구분이 뚜렷한 가운데 그들은 진정한 '우리'로 독일사회에 편입되지 못하고 있다. 아킨은 그 자신이 이민 2세대 감독이다. 두 문화 사이에 있는 경계인이 얼마나 생산적이고 창의적인 자산을 가질 수 있는지 아킨 자신이 입증하고 있는 셈이다. 그가 주로 다루는 주제는 오늘날 독일사회를 살아가는 이민 2세들의 정체성 혼란과 갈등상황이다. 이는 문화적 갈등으로 나타나기도 하지만 세대 간의 갈등도 포함한다. 세대 간의 문제는 어느 나라, 어느 문화권이든 공통으로 나타나는 주제이지만 이민 2세대의 경우 문화의 차이가 교차하면서 그 양상이 더 복잡해진다. 이민 1세대가 독일문화에 통합되지 않고 자국의 전통을 고수하는 데 반해 그 자식 세대는 독일문화의 자양분 속에서 자라기 때문이다. 특히 아킨의 경우 독일 내부에 있으면서 외부의 시선으로 이 양대 문화와 양 세대를 아우르고 있다는 데 강점이 있어 보인다. 이민자 문제가 어디 독일에만 국한된 걸까. 스위스 감독 쉬타카는 동유럽의 정세 변화를 영화의 배경으로 삼으면서 이민자 영화의 지평을 확장시키고 있다. 독일의 이민 역사가 노동력의 필요에서 비롯된 것이라면 이제 전쟁과 동유럽의 불안한 정세로 인한 난민도 이민자 대열로 들어섰음을 쉬타카 영화에서 확인할 수 있다. 특히 쉬타카의 영화는 이민자 입장에서 이민국에 남을까 돌아갈까 질문을 던진다는 점에서 흥미롭다. 남을 경우 이민자는 자신의 과거 정체성을 지우는 가혹한 과정을 거칠 수 있으며, 고향으로의 회귀 가능성으로 인해 현재 속한 문화에 제대로 뿌리 내리지 못하고 유보적인 삶을 살 수 있음을 쉬타카의 영화는 보여주고 있다.

독일의 재통일과
통합 독일연방군의 발전

이명환_충북대학교 사학과 강사

독일의 재통일과 통합 독일연방군의 발전

1. 들어가는 글

제2차 세계대전이 끝나고 새로 성립한 냉전체제에서 동서로 분단된 후 서로 다른 정치체제 아래 살았던 독일민족은 1990년 10월 3일 하나의 국가체제로, 하나의 국민으로 다시 통일되었다.[1] 1945년 5월 연합국이 제시한 무조건 항복을 받아들인 독일민족은 1949년에 서부 독일에 '독일연방공화국(BRD, 이후 '서독')을, 동부 독일에 '독일민주주의공화국(DDR, 이후 '동독')을 수립하여 반세기 가까이 체제 경쟁과 대결[2]을 하던 중 독일의 재통일(Wiedervereinigung Deutschlands)이라는 역사를 만들었다. 재통일의 과정에서 전승 4개국(미국, 소련, 영국, 프랑스)의 사전 동의가 필수적 요소이긴 하지만, 냉전기 막바지인 1989년 여름 헝가리의 국경 개방 결정을 냉전 체제 붕괴의 마지막 징조로 인식하

1) 독일 재통일 종합 연구서로 E. Jesse u. A. Mitter(Hrsg.), Die Gestaltung der deutschen Einheit, Bonn 1992; Bundesministerium des Innern(Hrsg.), Dokumente zur Deutschlandpolitik. Deutsche Einheit 1989/90, München 1998.

2) 독일 땅에서 두 개의 국가 건설과 발전 과정에 관한 연구서로 C. Klessmann, Die doppelte Staatsgründung. Deutsche Geschichte 1945-1955, Bonn 1991; C. Klessmann, Zwei Staaten, eine Nation. Deutsche Geschichte 1955-1970, Bonn 1997.

고 이와 같은 국제적 환경의 변화를 재통일의 결정적 기회로 보고 민족의 재통일을 성공한 독일인들부터 역사의 교훈을 발견하려는 어떠한 노력도 우리 한민족에게 지나침이 없어 보인다.[3)]

특히 독일의 재통일과정 중에서 두 체제를 수호하기 위한 헌법상 무력기구로서 서독과 동독이 각각 보유하였던 두 개의 군대, 즉 서독의 국군인 연방방위군(Bundeswehr, 이후 '연방군')과 동독의 국군이었던 국가인민군(Nationale Volksarmee: 이후 '인민군') 사이에서 물리적 충돌이나 사고가 없이 하나의 군대로 통합되는 과정에 관한 연구는 평화로운 한반도의 통일을 지향하는 우리들에게 의미가 큰 것으로 보인다.

사실 독일의 정치적 통일을 바로 눈앞에 둔 1990년 초까지만 하여도 서독 정부와 연방군 지휘부는 '통일이후 인민군을 어떻게 처리할 것인가'에 대하여 명확한 방향을 제시하지 못하였다. 연방군 고위 장교의 상당수는 통일 이후에 인민군과 함께 근무하는 상황을 매우 암울한 상태로 간주하여 비판하였고, 인민군은 그들대로 통일 이후 독일을 대표하는 군대는 자신들이 되어야 한다는 현실성이 없는 주장을 되풀이하였다.[4)] 이런 복잡한 상황에서 서독 국방부 장관 쉬톨텐베

---

3) 1989 여름에서 다음 해인 10월 3일까지 발생한 사건들에 관한 한 세대 후 다면적 연구 평가 결과는 K-D. Henke(Hrsg.), Revolution und Vereinigung 1989/90. Als in Deuschland die Realität die Phantasie überholte, München 2009.

4) 1990년 5월 2일 개최한 인민군 지휘관 회의에서 동독의 신임 국방장관인 에펠만(R. Eppelmann)은 연설을 통하여 "인민군은 동독지역에서 제2 독일군의 형태로 계속하여 존속하게 될 것이고, 이 군대는 NATO나 Warsaw 조약 등 어떤 하나의 군사동맹에도 소속되지도 않을 것"이라고 말하였다. J. Schönbohm, Die Bundeswehr im deutschen Einigungsprozess 1989/90, in : Militärgeschichtliches Forschungsamt(Hrsg.), Vom Kalten Krieg zur deutschen Einheit, München 1995,

르크(Stoltenberg)는 1990년 6월 13일에 개최된 연방군 지휘관 회의에서 '한 국가, 하나의 군대(Ein Staat, Eine Armee)'라는 두 국가체제 군대의 통합에 관한 기본원칙을 분명하게 제시하였고, 향후 통합된 독일연방군의 규모는 1994년 말까지 370,000명으로 유지되어져야 한다는 것과 독일 재통일의 날인 10월 3일을 통합 연방군 창군일로 선포하였다. 이로써 동독체제의 인민군은 해산의 운명을 맞게 되었고, 인민군에 소속되었던 인원과 무기체계는 연방군의 관리와 통제에 놓이게 되었으며, 인민군 소속의 상당수 장교와 부사관이 군대를 떠나 사회로 진출하지 않으면 안 되었다. 하지만 이와 같은 동독 인민군의 서독 연방군으로의 일방적인 흡수 통합 과정은 큰 물리적 충돌이나 사회적 갈등의 표출이 없이 순조롭게 진행되었다.[5)]

두 개 체제의 군대를 하나의 독일 연방군으로 성공적으로 통합한 독일은 소련 군대가 과거의 동독지역으로부터 철군을 완료한 1994년 후반부터 변화하는 안보전략 환경에 대응하기 위하여 10년 후인 2004년을 목표로 하여 연방군을 '근본적으로 개혁(Erneuerung von Grund auf)'하는 작업을 추진하였다. 연방군 군사개혁의 대상과 범위는 광범

---

ss. 407-408; H. Ehlert(Hrsg.), Armee ohne Zukunft. Das Ende der NVA und die deutsche Einheit. Zeitzeugenberichte und Dokumente, Berlin 2002, s. 29.

5) 독일군연방군 통합에 관한 연구서는 다음과 같다. J. Schönbohm, Zwei Armeen und ein Vaterland. München 1992; H. Kirchbach, Abenteuer Einheit. Zum Aufbau der Bundeswehr in den neuen Ländern, Umschau 1992; D. Farwickr, Ein Staat – Eine Armee. Von der NVA zur Bundeswehr, Fankfurt 1992; Z. Frederick, From Confrontation to Cooperation. The Takeover of the national People's Army, Westport 1999; H. Ehlert(Hrsg.), 앞의 책.

위하였고, 개혁 과정도 빠르게 진행되었기 때문에 이를 두고 '제3의 연방군 창군과정'이라고 평가하기도 한다.[6)]

따라서 본 연구는 먼저 독일에서 동·서독 군대의 통합 과정은 어떤 원칙과 기준에서 진행되었는가를 살펴보고, 이어서 통합과정에서 발생한 사회문제의 해결을 위하여 어떤 방안들이 제시되었는가를 살피게 될 것이다. 다음으로 독일 연방군을 개혁으로 몰았던 안보전략 환경의 변화를 동독 지역 소련군 철수와 새로운 NATO 군사전략의 관점에서 살펴보도록 하겠다.

2. 연방군으로 통합과정

(1) 연방군 동부군 사령부의 창설

1990년 6월 연방군 지휘관 회의에서 국방장관인 쉬톨텐베르크(Stoltenberg)는 통일 독일연방공화국에는 '하나의 군대 – Ein Staat, Eine Armee –'만이 존재한다는 군대 통합의 기본 방향과 원칙을 밝혔다. 나아가 연방정부는 7월 15일 발표한 성명을 통하여 '동서냉전의 해빙 무드와 군비축소 조약을 고려하여 통일 독일이 보유하게 될 군사력

6) 첫 번째 연방군 창군은 제2차 세계대전에서 무조건 항복한 독일이 한국전쟁의 영향으로 서유럽 안보를 위한 북대서양조약기구(NATO) 회원국의 자격으로 1955년에 군대를 창군한 사건을 의미하고, 두 번째 창군은 본고의 1990년 동서독 군대의 통합을 의미한다.

은 1995년 이후부터 370,000명 수준이 적정할 것'이라고 대내외적으로 천명하였고,[7] 이에 따라 군대통합의 시점에 총 670,000명으로 예상되는 군대의 규모를 1994년 말까지 370,000명으로 감축하는 계획을 수립하였다. 이중에서 동독의 인민군을 어떻게 감축할 것인가에 관한 문제는 그 무엇보다도 긴급을 요구하는 문제였다. 이와 같은 동독 인민군의 조기 해체와 효율적이면서 사회적인 갈등을 야기하지 않는 군대통합을 추진하기 위한 방안으로 연방정부는 8월에 연방 총리, 군사위원회, 국방장관, 총무처장관, 합참의장, 연방군 기획참모부장이 참석한 합동 군사회의에서 동독지역에 연방군 사령부인 "동부군 사령부(Territorialkommandos Ost)"를 창설할 것을 의결하였다. 이외에도 연방정부 합동 군사회의는 이밖에도 다음과 같은 주요 결정들을 의결하였다. 첫째, 독일인민공화국의 국군인 인민군의 존재는 폐지되고, 이전 동독 인민군 소속 군인들은 10월 15일부터 잠정적으로 연방군 인사법에 따라 국방의무를 수행하는 연방군의 군인이 된다. 둘째, 인민군 소속의 각종 부대와 제대들은 계획에 의거하여 점차로 해산되고, 새로운 독일 연방군 부대와 제대들은 연방군 및 이전 동독 인민군 소속 장병들로 구성되어 새롭게 창설된다. 셋째, 약 20,000명에 달하는 이전 인민군의 직업군인 및 단기 군인들은 2년에 걸쳐 지속적으로 이

7) 연방수상 헬무트 콜과 소련 연방 서기장 미하엘 고르바쵸프와의 정상회담에서 독일 연방수상이 통일독일의 군대 규모를 명확하게 제시한 배경은 동독지역에 주둔중인 소련군의 철수에 관한 고르바쵸프의 분명한 약속을 이끌어내기 위한 사전 포석이었다. 독일은 소련군의 조기 본국 철군을 위하여 50억 마르크화 차관을 고르바쵸프에게 추가로 약속하였다. Bundesministerium des Innern(Hrsg.), 앞의 책, ss. 189-190.

양된다. 넷째, 9월 1일에 소집되는 의무복무병의 군사교육과 훈련은 연방군이 담당하여 실시한다. 마지막으로 다섯째, 동독 지역의 인민군에 대한 지휘 및 통제는 10월 15일부터 연방군 동부군 사령관이 행사한다.[8] 나아가 국방부(Bundesministerium der Verteidigung)는 연방군 동부군 사령부(Ost Kommando)의 임무를 다음과 같이 규정하고 있다.

"연방군 동부군 사령부는 일정기간 동안 연방군의 중심이 되는 고위급 사령부로서 인민군을 포함하여 혼합으로 편성되어 설립되고, 이 사령부는 독일연방공화국 국방부에 직접 소속되어 운용된다. 부대업무 관련 최고 지휘관은 합참의장을 대리한다. 동부군 사령부에 지휘권과 명령권이 이양되는 순간부터, 이전 해당 독일지역에 속한 모든 부대 및 시설, 그리고 병력은 모든 면에 있어서 독일연방 국방부의 지휘를 받는다. 해당 독일지역에 위치한 육, 해, 공군에 소속된 모든 제대의 부대근무와 지휘는 지휘권과 명령권이 이양되는 순간부터 연방군의 편성이 이루어질 때까지, 연방군 동부군 사령부에 집중된다. 동부군 사령부는 기본적인 지휘임무, 과도기 임무, 청산임무를 수행하고, 연방군을 편성하는데 필요한 모든 활동을 조정하고 통제한다. (…)"[9]

이와 같은 목적에서 동부군 사령부는 다음과 같은 5개의 주요 기능 임무를 부여받았다.

---

8) J. Schönbohm, Deusche kommen zu deutschen, 1992 Bonn, s. 40.

9) 위의 책, s. 41.

가. 전체 인민군의 군사시설, 학교 및 제대 등 배속 분야에 대한 지휘 및 감독 임무

나. 육군, 해군, 공군, 연방군 본부, 연방군 의무 본부 등 조직분야의 지휘분산에 대한 감독과 편성에 적합치 않은 부대 및 인원에 대한 해편의 조정 통제 임무

라. 해당지역에 이전하는 병력과 물자에 대한 배치, 이양 그리고 지속적인 사용 여부 및 양도에 관한 조정 통제 임무

마. 독일에서 철수하는 소련군에 대한 지원 임무

다시 말하면 동부군 사령부의 주요 임무는 동독의 인민군을 접수하는 과정에서 최우선적으로 안전과 통제를 보장하고, 이후에 이들 인민군 부대를 점차로 해산하여 가능한 많은 수의 인민군 소속 군인을 군대에서 전역시키는 것이었다. 나아가 동부군 사령부는 이들 인민군 부대를 대신하여 새로운 연방군 부대를 창설하고, 독일의 완전한 통일을 위하여 동독지역에 주둔 중인 소련군의 안정적인 본국으로의 철수를 지원하기 위하여 소련군과 유기적으로 긴밀하게 협력하는 것이었다.[10)]

이와 같은 임무 수행을 위하여 동부군 사령부 지휘부는 쇈봄(J. Schönbohm) 중장이 사령관으로서 지휘권을 보유하고, 사령관 휘하에 부사령관(소장)과 참모장(준장)이 편성되었다. 또한 소련군의 철수와 관련하여 서구 주둔 소련군 부대의 관련 참모가 동부군 사령관에

10) J. Schönbohm, Die Bundeswehr im deutschen Einigungsprozess, in: Militärgeschichtliches Forschungsamt(Hrsg.), 앞의 책, ss. 405-418.

게 직접 소속되어 근무를 하였다. 이외에도 사령부의 8개 참모부서에는 240명의 연방군 출신 장교와 부사관 그리고 360명의 인민군 장교와 부사관 그리고 일부의 군무원들이 성공적인 군대 통합을 위하여 함께 근무하도록 하였다. 통합과정에서 이들 참모들이 특별한 관심과 주의를 기울인 것은 다음의 세 가지 문제였다. 첫째, 인민군이 연방군으로 일방적으로 편입되는 과정에서 발생하는 심리적 또는 정서적인 저항을 어떻게 효과적으로 대처할 것인가. 둘째, 통합과정에서 아직까지 구체적으로 규정되지 않은 사항과 현안문제들 그리고 새롭게 발생하는 문제들을 어떻게 인식하여 대처할 것인가. 그리고 마지막으로 인민군이 보유하였고 현재 보관중인 무기와 탄약에 대하여 어떤 안전장치를 마련해야 하고 또 이에 관한 통제를 어떻게 보장할 것인가에 관한 것이었다.

(2) 군대 통합의 기본원칙 : '제복을 입은 시민 (Staatsbürger im Uniform)'

연방정부가 과거의 동독 인민군을 연방군으로 통합하는 과정에서 가장 중요시한 원리는 1955년 서독의 연방군 창설 당시 군대의 기본 이념으로 설정하였던 군인을 '제복을 입은 시민'(Staatsbürger im Uniform)[11]으로 간주한 개념을 적용하는 것이다. 이 원리에서 군대의 가장 중요한 기능은 '자유민주주의적 가치와 체제의 수호'이었고, 군인이란 제복을 입은 시민으로서 시민적 기능과 군사적 기능이 함께 강조되었지만, 시민적 가치를 우선시한 것이다. 이처럼 연방군의 창건

11) Willi Weiskirch, Staatsbürger im Uniform, München 1995.

과정에서 나타난 자유민주주의적 가치의 정당성과 헌법의 우위 그리고 법치국가적 전통에 대한 강조는 연방군 내에서 개인의 가치를 집단적 가치보다 우선하도록 하였다. 그리고 민주시민 군대로서 '제복을 입은 시민'이라는 연방군의 기본 이념과 전통은 1970~80년대를 거치면서 더욱 공고해졌고, 통일이 실현되는 1990년대에 가면 연방군 내에서 병사의 인권 등 민주적 가치는 최우선적인 것으로 다루어지고 있었다.

한편 동독 인민군은 공산당의 정치적 지배를 위한 도구였기 때문에 군대의 간부인 장교 및 부사관 교육과정에서 체제의 이데올로기인 사회주의 이론에 대한 교육이 그 무엇보다 강조되었다. 이처럼 '사회주의적 군인'으로 양성되도록 교육을 받은 동독 인민군들은 1989년 말까지도 서독의 체제를 '제국주의'로 규정하고, "… 독일어를 쓰든, 영어를 쓰든, 연방군의 제복을 입었던 간에 제국주의를 위하여 무력을 사용하고 그 임무를 사용하는 자는 우리의 적이다."[12]라고 정의함으로써 서독 연방군을 명백한 적군으로 설정하였다. 따라서 평시에 175,000명의 현역 병력을 보유한 동독 인민군을, 장교단의 90퍼센트 이상이 공산당인 사회주의 통일당(SED) 당원이었던 인민군을 연방군으로 통합하여 수용하는 작업은 '제복을 입은 시민'이라는 민주시민 군대의 모델을 이미 확립한 연방군에게 큰 부담으로 작용되었다.[13]

12) 동독 인민군 팜프렛, 「군인이 된다는 것의 의미」, 하정열, 한반도 통일후 군사통합방안 : 독일군사통합과정과 교훈(팔복원, 1996), p. 49 재인용.

13) 동부군 사령관은 군대통합이 한창 중일 때 Mainz대학에서 강연을 하였는데, 여기에 참석한 많은 대학생들은 "과연 연방군을 이전의 공산주의자들과 함께 재건할 필요가 있습니까? 이들 공산주의자들을 모두 군대에서 해고하지 않는 이유가 무엇인가요?"라고 질문을 함으로써 인민군의 이데올로기적, 군사주의적

드디어 1990년 10월 1일 동독 정부는 바르샤바 조약 기구를 탈퇴하였고, 이 날을 기하여 인민군 소속 190명 장군 전원과 55세 이상의 모든 군인들이 전역 조치를 당하였다. 10월 2일에 동독 국방장관 에펠만(Eppelmann)은 자신의 마지막 일일 명령으로 1990년 10월 3일 00:00부로 170,000명의 현역 병력 중에서 103,000명을 인민군의 근무에서 해제하는 명령서에 서명을 하였다.[14] 이어 10월 3일에는 1,500여 개의 인민군 소속 부대들과 약 65,000명의 인민군 장병들이 동부군 사령부에 흡수되었다.[15] 연방정부는 연방군의 기본 이념과 전통에서 통합작업을 성공적으로 진행하기 위하여 1,200명의 연방군 장교와 약 800명의 부사관을 동부군 사령부 예하 과거 인민군 부대의 지휘관 및 참모

전통과 문화에 대하여 강한 우려와 반감을 표시하였다.

14) 동독의 국방장관 에펠만의 인민군에 대한 '연방군으로 편입'에 관한 마지막 일일 명령은 다음과 같다.
"친애하는 장병, 부사관, 장교 및 부사관 후보생 여러분! 친애하는 장군 및 제독 여러분! 남녀 군무원 여러분! 10월 2일 24시를 기해 독일민주공화국은 국민들의 뜻에 따라 국가로서의 존립을 끝냅니다. (...) 독일민주공화국이 독일연방공화국으로 편입됨과 함께, 1990년 10월 3일 독일국민에게 새로운 역사의 장이 열리는 것입니다. 비정상적인 분할이 있은 지 40년 만에 비로소 다시 합치는 것입니다. 여러분들은 인민군의 장병과 군무원으로서 연방군의 통일조약에 맞도록 편입하여 활동을 하게 될 것입니다. (...) 이제 나는 여러분들을 인민군의 소속 장병 및 군무원으로서 독일민주공화국에 대해 수행해 온 여러분들의 의무를 해지하고자 합니다. 여러분들은 1990년 10월 3일 00시 부로 연방군의 장병 및 군무원입니다. 따라서 여러분은 독일연방공화국 국방부장관의 지휘 아래 소속되게 됩니다. (...)" H. Ehlert(Hrsg.), 앞의 책, ss. 517-518.

15) P. Heider, Nicht Feind, nicht Gegner, sondern Partner. Zum Transformationsprozess der Nationalen Volksarmee auf dem in die deutsche Einheit, in : Militärgeschichtliches Forschungsamt(Hrsg.), 앞의 책, ss. 419-442.

- 사단급 이상 지휘관 100%, 연대급 70%, 대대급 50% - 로 배속시켰다. 동부군 사령관의 지휘와 책임 아래 인민군의 병력은 계속 감축되었다. 본격적인 통합과정이 시작된 지 3개월이 지난 1990년 말까지 과거의 인민군 장교 32,000명 중에서 약 70%에 해당하는 24,000명이 자발적으로 전역함으로써 실질적으로 10,500명만이 군대에 남아서 '제복을 입은 시민'이라는 연방군의 이념에 따라서 직책과 임무를 수행하게 되었다.[16] 연방정부는 1991년 2월~9월까지 이들 과거의 인민군 26,000명중에서 18,000명만을 향후 2년간의 적응 및 시험기간이 주어지는 2년간 복무자로 선발하였다.[17] 뿐만 아니라 인민군 출신의 잔류 군인들은 동일한 연령과 경력의 연방군에 비하여 계급구조가 높았기 때문에 1~2 계급을 하향 조정하는 강등 조치가 불가피하였고, 경우에 따라선 대령에서 대위로 3단계나 하향 조정되었다. 급여에 있어서도 동독 인민군 출신은 차별이 있었다. 통일 당시에 동독 인민군은 동독 사회의 평균 노동자 봉급보다 50%를 웃도는 많은 봉급을 받았지만, 이는 당시 연방군의 보수와 비교해 볼 때 약 60%에 불과한 실정이었다. 이처럼 차등화된 급여는 인민군 출신의 봉급을 매년 5~10%씩 인상해 줌으로써 통일 후 10년여 년이 지난 시점에서야 동일한 수준이 되었다. 다시 말하면 동독 인민군의 연방군으로의 순조로운 통합과정은 정치적 통일이 이루어진 1990년 10월부터 불과 3개월만에 사실상

---

16) 1991년 5월 현역 근무 중인 장교 9,000명의 계급 현황 : 대령(3명), 중령(290명), 소령(400명), 위관(8,300명).

17) 김용주,「독일 통일에서 연방군의 이념 통합」, 육군사관학교 논문집 제 57집, 1권/2001, pp.185-217.

종료된 것이었다.

그렇다면 이처럼 아무런 사회적 갈등의 분출도 없이 전개된 동서독 군대의 통합의 배경은 무엇인가에 관심을 갖는 것은 너무나 당연한 일이라 하겠다. 연방정부가 인민군 소속 고령의 장교들에게 한 제안은 일종의 명예퇴직제로서, 인민군 고급장교들이 1990년 12월 31일까지 군대에서 전역을 할 경우 그들에겐 7개월 분의 퇴직금과 현역 당시 급여의 75%를 연금으로 지불한다는 매우 유리한 조건이었다. 특히 50세가 넘은 장교를 대상으로 집중적으로 전역이 유도되었는데, 40세~50세 사이의 많은 장교들도 이와 같은 유리한 조건의 퇴직금과 연금의 가능성을 활용하고자 하여 1990년 12월 31일까지 전역에 동의하였다.

연방군의 최대 병력을 370,000명으로 제한한다는 목표는 계속적인 병력의 감축으로 이어졌다. 새로운 동부독일 지역에는 50,000명의 연방군이 주둔하게 되었는데, 그 가운데 25,000명은 장기 복무자로 충원하도록 되었다. 앞서 말한 것처럼 1991년 말까지 약 18,000명 - 장교 6,000명, 부사관 11,200명, 병 800명 - 의 과거 인민군이 2년 동안 연방군에서 추가로 복무가 인가되었고, 이들 이외에도 약 11,000명의 구동독 출신이 연방군에 신규로 충원되었다. 연방군에 수용된 이들 동독 인민군 출신들은 서부 독일지역에서 교육훈련과 근무를 할 수 있는 기회가 많이 주어졌다. 이들이 당면한 가장 큰 문제는 '제복을 입은 시민'이라는 연방군의 민주주의적 지휘관리와 민간우위의 전통이 확립된 민군관계의 본질을 몸과 마음으로 이해하고 실행하는 것이었다. 이런 과정을 통하여 연방군 적성위원회는 과거의 인민군 중에서 군인으로서의 자격뿐만 아니라, 민주시민으로서의 자질이 검증이 된 사람만을 연방군 장기복무자로 다시 선발하였다.

나아가 국방장관은 동서독 군대의 조기 통합을 위하여 병역의무 복무병들을 동서독간에 서로 교환하여 소집·훈련시키는 계획의 시행을 승인하였다. 이에 따라 1990년 9월에 소집된 신병들의 일부는 이전 동독지역의 훈련소에서, 나머지 일부는 서독지역의 훈련소에서 교육을 마친 후 동부군 사령부에 재배치되었다. 이와 같은 교차배치정책은 연방군 내에서 동서독 출신간의 정서적인 간격을 좁혀서 군내 내면적인 통합에 크게 기여한 것으로 평가받고 있다. 뿐만 아니라 연방군 지휘부는 조기 군대통합을 위하여 서독지역에 위치한 군사교육 및 연구기관을 동부 독일지역으로 이전하는 조치를 취하였다. 이 조치에 따라서 프라이부르크(Freiburg)에 위치한 연방군 군사연구소가 포츠담(Potsdam)으로 이전하여 인민군의 전사연구소와 통합되었고, 쾰른(Köln) 인근에 위치한 연방군 어학학교의 주요 기능도 라이프찌히(Leipzig)로 이전되었다. 이밖에도 연방군은 여러 군사 교육훈련기관을 동독지역으로 이전함으로써 동서독 군대 간의 실질적인 아래로부터의 통합과 동질화를 위하여 최선의 노력을 다하였다.

1993년에 이들 중에서 연방군 장기복무자를 선발하는 작업이 국방부 주관 적성위원회에서 진행되었다. 그 동안의 근무 결과와 자유민주주의 체제에 대한 태도 등 관찰 결과를 기준으로 하여 1993년 9월 30일, 동독 인민군이 해산된 지 약 3년이 경과된 후에야 장교 3,027명, 부사관 7,639명, 병 207명이 최종적으로 연방군 장기복무자 및 직업군인으로 선발되었다. 앞서 소개하였듯이 55세 이상의 장군들은 이미 군대를 떠났고, 최종적인 선발과정에서 과거 동독 인민군에서 정치

분야, 군 검찰분야, 선전 및 정훈 분야에서 활동한 전력이 있는 자들은 모두 제외되었다. 이로써 동·서독 군대의 통합작업은 성공리에 그 막을 내리게 되었다.

(3) 인민군 보유 무기체계의 처리

1990년 10월 3일 동부군 사령부를 통하여 연방군이 인수한 동독 인민군이 운용하였던 주요 무기체계는 다음과 같다. 육군은 전차 2,337대, 장갑차 5,980대, 포 2,245문 등을 인수하였고, 해군은 전투함 19척, 경비정 38척, 기뢰정 42척 등을 인수하였으며, 공군은 전투기 275대, 헬기 140대, 수송기 32대 등을 인수하였다. 이 밖에도 약 30만 톤에 달하는 탄약, 120만 정의 개인화기 그리고 4,500톤의 로케트 연료가 연방군에 인수되었다. 이에 따라 연방군은 인민군 부대의 해산과 병행하여 이들 무기와 장비들을 처리하는 업무에 착수하였고, 여기에는 폐기, 임시 사용 후 폐기 그리고 특정시기까지만 활용 후 폐기라는 3단계 처리지침이 적용되었다.[18]

1) 폐기, 제3국 판매 및 증여된 무기체계와 장비(80%)

동·서독 군대의 통합 후 연방군을 1994년 말까지 370,000명으로 유지하라는 지침에 따라 자연히 잉여무기와 장비가 발생하게 되었고,

---

18) W. von Scheven, Die Bundeswehr und der Aufbau Ost, in : Militärgeschichtliches Forschungsamt(Hrsg.), Vom Kalten Krieg zur deutschen Einheit, München 1995, ss. 473-503

연방군 지휘부는 성능이 뒤떨어진 인민군 무기체계와 장비를 더 이상 운용하지 않을 것을 결정하였다. 그 배경에는 인민군이 활용한 러시아제 무기와 장비를 계속하여 운용할 경우에는 새로운 군수지원체제 구축되어야 하고, 이 경우 대규모의 국방예산이 증액되어야 하는데 이는 통일 비용으로 국방예산이 삭감되는 현실에서 현실적으로 불가능한 대안이라는 점이 심각하게 고려되었던 것이다. 뿐만 아니라 독일의 경우 유럽 재래식무기 감축협정(CFE)에 따라 5대 공격용 무기 - 전차, 장갑차, 항공기, 공격용 헬기, 화포 - 의 보유상한선이 설정되어 있기 때문에 이에 해당하는 인수 무기체계와 장비는 모두 폐기처분하지 않으면 안 되었다. 여기에는 협정에 따른 의무로서가 아니라, 연방정부의 결정에 의해 더 이상 사용할 수 없게 된 상당한 양의 무기와 탄약이 추가되었다. 이런 원칙에 따라 동독 인민군으로부터 인수한 무기체계 중 대략 80퍼센트에 해당하는 11,000개의 무기와 장비가 1995년 5월까지 폐기되거나, 제3국으로 판매되었으며, 아니면 무상으로 증여되었다. 이에 해당하는 대표적인 무기체계는 공군 항공기인 MIG-21/23, SU-22, T-72 등이었다.

2) 임시 활용 후 폐기 무기체계(3%)

인수 무기체계 중에서 약 3%에 해당하는 것으로서, 여기에 해당하는 주요 무기체계는 전투헬기와 항공기인 MIG-24 등이었다.

3) 특정시기까지만 활용 후 폐기 무기체계(17%)

연방군은 활용 무기체계의 전제조건으로서 작전소요 요구, 우수한 성능 및 예산의 가용성을 우선적으로 고려하였다. 여기에 해당하는 주요 무기체계로는 MIG-29 전폭기와 BMP-1 장갑차가 있다.

3. 유럽 안보전략 환경의 변화

(1) 소련 서부 집단군의 철수

1990년 10월 3일 독일의 재통일은 1945년 히틀러-정권이 붕괴된 직후에 형성되었던 동-서 대결의 종말을 의미하는 것이었다. 이런 맥락에서 추진된 동독지역에 전진 배치되었던 소련의 정예 전투부대가 독일 영토에서 철수한 사건은 유럽 안보전략 환경의 일대 전환을 예고한 것이기도 하였다. 1990년 9월 12일 모스크바에서 개최된 회의에서 제2차 세계대전 전승국이었던 미국, 영국, 프랑스, 소련의 외무장관은 당시 동독과 서독의 외무장관들과 함께 일명 2+4 조약', 즉 "독일의 처리에 관련된 최종 조약"에 서명하였다. 이들은 이 조약의 제 4조에 '소련의 군대를 당시 주둔하였던 동독 지역으로부터 1994년 말까지 완전히 철수할 것과 향후에 통일 독일 정부와 러시아 정부간에 러시아군의 철수에 관한 세부적인 사항을 조약의 형태로 명시할 것'을 분명히 하였다.[19)]

이어 10월 12일 독일의 본(Bonn)에서 개최된 양국 외무장관 회의에

19) H. Foertsch, Der Abzug der russischen Streitkräfte aus Deutschland, in : Militärgeschichtliches Forschungsamt(Hrsg.), 앞의 책, ss. 463-472.

서 독일의 외무장관 겐셔(Hans-Dietrich Genscher)와 소련의 주 독일대사 테레쵸프(Vladislav P. Terechov)가 「독일연방공화국 영토에서 소련군의 한시적 체류와 이들 소련군의 계획적인 철수에 관한 방법에 대한 독일과 소련간의 조약」(이후 '소련군의 체류와 철수 조약'으로 略함)에 각각 서명하였다. 이 조약은 총 27개 조항으로 구성되었고, 이외에도 교통 및 수송, 우편 및 통신체계, 관세 및 세금, 법률 및 행정상 지원 사항 등 4개 분야의 부칙을 포함하였다. 이중에서도 가장 중요한 사항은 독일 주둔 소련군과 군대 철수 업무를 실질적으로 협의하게 될 독일 측 연락사령부에 관한 법률적인 토대를 마련하였다는 데에 있다. 독일 연방 국방장관 직속으로 설립된 연락사령부에게는 소련의 서부 집단군과 동독 지역에 주둔하는 소련 군대의 철수에 관한 전체 일정을 협의할 수 있는 권한이 부여되었다.

'소련군의 체류와 철수 조약'에 따라 독일연방정부는 소련군의 본국으로 철수에 따른 모든 비용과 조치들을 소련정부에 지불하는 의무가 주어졌다.

「소련군 철수에 따른 분야별 지원 예산」

분 야	금 액
- 철수군인을 위한 소련 내 주택건설 계획	- 78억 마르크(DM)
- 소련군의 독일 체류 및 철군 비용	- 30억 마르크(DM)
- 소련군 및 군가족의 철수 및 이사 비용	- 10억 마르크(DM)
- 소련군의 재교육 계획에 따른 비용	- 2억 마르크(DM)

이외에도 소련정부는 Bonn으로부터 추가로 30억 마르크의 차관을 무이자로 제공받았고, 독일정부는 소련인 전쟁희생자를 기념하기 위

하여 독일 영토에 설치된 기념탑 및 기념비를 독일법의 테두리 안에서 보호하고 이를 존중할 것을 약속하였다.

1992년 12월 16일 러시아 공화국 대통령인 보리스 엘친(Boris Jelzin)과 독일연방수상인 헬무트 콜(Helmut Kohl)은 공동성명을 통하여 '소련군의 체류와 철수 조약'을 다음과 같이 두 가지 항목을 변경할 것을 합의하였다.

1) 러시아는 군대의 철수 시한을 처음에 합의된 것보다 4개월 앞당긴 1994년 8월 31일까지 완료하도록 노력을 다한다.
2) 독일은 러시아군의 4개월 조기철수에 대한 보답으로 처음에 합의된 비용제공에 추가하여 러시아로 복귀하는 군대의 재배치 비용으로 5천만 마르크를 추가로 제공한다.

'소련군의 체류와 철수 조약' 제 14조에 따라 러시아 서부 집단군은 1991년 1월에 독일 영토에서 러시아 군대의 철수에 관한 기본 작전계획을 발표하였다. 이에 따르면 1차로 구 동독지역의 남부에 주둔한 육군부대와 전투사단을 철수시키고, 2차로 북부지역에 주둔하는 육군부대를 철수시키며, 마지막으로 핵심 작전선인 마그데부르크-베를린-프랑크푸르트(여기에서는 마인쯔 강변에 위치한 서부의 프랑크푸르트 - Frankfurt am Main -가 아니고 동부 폴란드 국경지역에 위치한 오데르 강변에 위치한 프랑크푸르트 - Frankfurt an der Oder -를 말함)에 위치한 정예 육군전투부대를 철수시키는 것이었다. 공군 소속의 작전부대들도 본질적으로 육군전투부대와 비슷한 철수계획에 따라서 독일에서 철수하도록 계획되었다. 이들 독일에서 철수하는 러시아군대는 주로 우크라이나와 백러시아

지역에 대규모의 부대 편성으로 재배치되었고, 이런 기본 계획에 따라서 철수군인을 위한 주택단지가 이들 지역에 우선적으로 조성되었다.

1992년 초 소련 연방이 해체되고 독립국가연합(CIS)이 출현함에 따라 러시아 공화국은 다른 공화국들의 전체 군대에 비례하여 상대적으로 적은 수의 군대를 유지할 것을 확정하였다. 하지만 독일에 주둔중인 구 소련 서부 집단군은 러시아 공화국에 예속되었고, 대규모의 단위로 러시아로 귀환하게 되었다. 러시아 공화국에 준비된 군 숙소가 절대적으로 부족하자 대단위 부대들은 현지인 구 동독지역에서 해체되었고, 병력과 장비는 각각 러시아에 주둔중인 기동사단을 충원하는 방식으로 활용하도록 되었다. 이처럼 빛나는 전통과 전투경험을 보유한 서부 집단군은 러시아 공화국 내의 새로운 지역으로 분배되어 배치됨으로써 완전하게 철수가 되었다. 이와 같은 군대의 재배치 과정을 전체적으로 조망해 볼 때, 모스크바 군관구가 가장 강력해진 것은 너무나 자명한 일이었다. 러시아 공화국의 자료를 기준으로 한 구 소련 서부집단군의 총 병력과 장비는 다음과 같다.

「소련 서부 집단군의 병력 및 장비」

병　　력		장　　비	
- 총병력	546,000명	- 무기/장비 총수	123,668개
- 현역군인	338,800명	- 탱크	4,209대
- 군무원/군 가족	207,000명	- 대포	3,682문
		- 장갑차	8,209대
		- 항공기	691대
		- 해리콥터	683대
		- 기타 중화기	106,194개
		- 탄약	677,032Ton

소련 군대의 효율적이고 완전한 조기 철수를 위하여 독일은 1991년부터 1994년까지 매년, 매분기별로 철수계획을 세분화하였다. 이 계획에 따르면 1991~1993년까지는 해마다 철수 대상 병력과 장비의 30%를 분기별 계획에 따라 철수시키고, 철수 마지막 해인 1994년에는 목표 계획의 단 10%만을 할당하였다.[20)]

동부군 사령부에 추가로 할당된 임무는 1994년까지 독일주둔 소련군이 계획에 따라 본국으로 철수하는 일을 지원하는 것이었다. 이 철수작전에서 구 소련 서부 집단군은 자발적으로 독일 연방군과 협조를 하였다. 서부 집단군 측은 시가행진을 통보하면서도 이전에 이용하던 전차부대의 행군로를 포기하였고, 더 이상의 대규모 군사훈련을 시행하지 않았으며, 항공로도 제한적으로 이용하는 등 매우 협조적인 태도를 유지하였다. 사실상의 철수계획은 서부 집단군에 대한 지휘권이 부라코프(Burlakow) 중장에게 위임된 이후부터 신속하게 진행되었다. 1991년부터 1994년까지 500,000명이 넘는 소련 병력이 독일영토에서 철수하였는데, 1991년에 이미 150,000명의 병력이 고향인 러시아로 돌아갔다. 전체 병력과 장비 중 30%를 철수시키기로 하였던 1991년의 철수계획은 충분히 완료되었을 뿐만 아니라, 전차와 포병무기에 이르기까지 할당된 목표인 30%를 초과하여 수행되었다. 1992년에도 소련은 52개 소련군 주둔지에 관한 관할권을 독일 연방군에게 조기에 넘겨주었고, 군사 훈련장과 11개의 군사 비행장을 독일 연방군에 이양하였다.

20) H. Foertsch, 위의 논문.

결국 구 소련 서부 집단군은 1994년 8월 31일 Berlin에서 독일연방 공화국 수상 콜과 러시아 공화국 대통령 엘친이 참관한 가운데 거행한 철수 퍼레이드를 끝으로 계획된 대로 러시아 공화국으로 철수를 완료하였다. 이로써 동독 인민군의 순조로운 해체와 이들을 선별하여 독일 연방군으로 성공적으로 통합시킨 독일은 그리고 독일 영토에 약 반세기동안 주둔하였던 소련의 정예 전투부대를 평화로운 협상을 통하여 러시아 본토로 철수를 완결시킨 독일의 군대는 이제 명실상부한 유럽의 지리적 심장부인 중부유럽의 방위를 담당할 핵심전력으로 자리잡게 되었고, 이와 같은 중부유럽에서의 안보전략 환경의 급변은 지금까지 소련과 Warsaw 조약기구 가입국가들의 군사력을 일차적인 위협으로 보고 발전시킨 NATO의 군사전략의 변화에 직접적인 영향을 주게 되었다. 역설적으로 NATO 군사전략의 변화는 또다시 독일 연방군의 군사전략과 작전계획을 변화시키지 않으면 안 되는 직접적인 계기가 되었다.

(2) 북대서양조약기구(NATO) 군사전략의 변화

1991년 이탈리아의 로마에서 개최된 북대서양조약기구 소속 국가들의 정상들은 탈냉전기의 NATO 전략으로 "역내 위기관리 및 평화유지를 위한 범 유럽적 체제"라는 적극적이고 능동적인 개념을 제시하는 이른바 '새로운 전략' 개념을 채택할 것을 결의하였다. 이처럼 NATO가 적극적인 새로운 전략 개념을 채택하게 된 배경은 소련연방의 붕괴에 따른 바르샤바 조약기구의 해체, 독일의 통일과 동유럽 주둔 소련군대의 본국으로의 철수, 소련 내 독립국가연합의 탄생 및 유럽연합(EU)의 결성 등을 거론할 수 있다.

특히 구 동독지역에 주둔하였던 소련군과 폴란드에 주둔하였던 소련군의 철수가 완료되었고, 소련 내 독립국가연합이 재래식 무기와 전력을 계속하여 감축함으로써 서유럽에 대한 중부 유럽 지역으로부터의 직접적인 군사위협이 현저하게 감소되었다. 이에 따라 서부 독일지역에 주둔하였던 미국, 영국, 프랑스, 벨기에 등 NATO 군대의 규모가 자연적으로 감축되었고,[21] NATO 국가들은 유럽의 안보를 위하여 통일된 독일 연방군이 더 많은 역할을 담당할 것을 강력하게 요구하였다. 또한 과거 바르샤바 조약 회원국가의 일부국가들과 소련 내 독립국가연합 중 일부국가들이 NATO 가입을 희망함으로써 이런 문제가 독립국가연합 중 군사적으로 강력한 러시아 공화국과 갈등으로 발전할 수 있는 새로운 불씨로 등장하였다.

발칸반도에서 민족·인종·종교 분쟁이 한창이었던 1999년 4월 24일 NATO는 바르샤바 조약기구의 중요국가들이었던 폴란드, 헝가리, 체코 등 세 나라를 NATO의 새로운 회원국으로 받아들임으로써 NATO의 국경선을 과거 동·서독의 경계선으로부터 동유럽과 구 소련의 경계선까지 멀리 동진(東進)시켰다.[22] 나아가 1999년 4월의 NATO 회의는 21세기의 전반기까지 북대서양조약 군사전략의 기본방향을 새로

21) 유럽 주둔 미군병력은 1991년 285,000명에서 1998년 100,000명으로 감축되었다.

22) 폴란드, 헝가리, 체코의 나토가입에 관한 미국 상원의 동의에 관한 인터넷 자료, NATO Enlargement Ratification, DOSFAN Home Page/ WWW. NATO. enlargement ratification. htm.

운 전략으로 채택하였다. 이에 따르면 NATO는 지금까지의 5가지 기본임무 - 안보, 협의, 억지 및 방어, 위기관리, 협력 - 를 수행하면서 새로운 안보위협인 유럽 외 지역의 분쟁, 테러 그리고 대량 살상무기 확산에 대하여 강력한 대응능력을 신장시킬 것을 결의하였다. 특히 두드러진 한가지는 NATO가 UN 안전보장이사회의 승인이 없이도 군사력을 동원하여 분쟁사태에 개입할 수 있도록 함으로써 유사시 군사전략적 대응능력을 크게 강화하였다는 것이다. 이에 따라 NATO에 요구되는 군사작전 능력도 대폭 강화되었다. 먼저 신속한 증원 및 이동능력 그리고 작전상 고도의 기동성이 요구되었다. 실전시 최대의 전투력 발휘능력과 생존성의 향상 및 장기간의 작전지속을 위한 군수지원체계가 시급하게 요구되었다. 이처럼 군사작전 능력을 향상시키기 위하여 NATO는 연합작전 능력, 합동군 운용에 따른 통합 전투력 발휘능력 그리고 첨단 과학기술을 활용한 정보능력의 문제를 근본적으로 해결하지 않으면 안 되었다.

이와 같은 NATO의 공세적 전략은 1999년 3월~6월까지 유고연방내 코소보(Cosovo) 문제의 해결을 위하여 직접적인 군사개입의 형태로 나타났다.[23] 99년 1월 유고연방의 군대가 코소보 지역에 거주하는 알바니아 인종을 집단적으로 살해하자, NATO는 2월에 전년 10월에 있었던 무력개입 경고의 수준을 뛰어넘어서 이 지역에 나토 평화유지군의 주둔과 코소보의 자치 허용을 요구하기에 이르렀다. 유고연방과의 두 차례에 걸친 협상이 실패하자 유고에 대한 NATO군의 군사적 공

23) NATO의 (유고) 항공전역 분석(브리핑 자료), 공군 전투발전단, 1999. 6쪽.

격작전이 시작되었다. 군사작전은 1999년 3월 24일부터 6월 9일까지 78일간 실시되었다. 이번 작전의 목표는 NATO가 제안한 평화안을 유고연방이 수용하도록 하는 데에 있었고, NATO의 군사전략의 핵심은 지상군 투입은 배제하고 최첨단 항공전력을 이용하여 작전을 운용하는 것이었다. 이와 같은 NATO군의 독자적인 군사작전으로 UN의 역할이 상대적으로 위축되고, NATO - 러시아간의 군사적 갈등이 야기될 수 있는 여지가 없지 않았지만 나토를 중심으로 한 집단적 안보전략의 개념은 더욱 발전될 것으로 전망된다. 21세기가 시작된 현재적 관점에서 유럽 및 기타의 지역에서 NATO의 군사력에 필적하는 능력을 구비한 한 국가나 또는 어떤 지역을 중심으로 한 집단적 군사력의 출현은 당분간 가능하지 않을 것으로 여겨진다.[24)]

나아가 NATO의 신 전략이 발칸반도에서 실제적으로 적용되고, 코소보 작전에 독일 연방군이 제2차 세계대전 이후 처음으로 독일 영토 밖의 군사작전에 참여하게 됨에 따라 연방군은 다국적군의 일원으로 독일 및 유럽영토로부터 이격된 원거리 지역의 위기관리 및 분쟁해결에 투입되어 유럽과 독일의 안보전략적 이익을 보호하지 않으면 안 되는 상황이 조성되었다.[25)] 이처럼 연방군에 대한 국제화·다국적군으로 역할변화가 외부로부터 강하게 요구되자, 연방군은 정보화·장거리 정밀타격전으로 대표되는 미래 전쟁양상과 NATO의 작전교리가

---

24) H. Bartels, Keine Konkurrenz zur NATO, EPS(Europäische Sicherheit) 12/2000, s. 3.

25) 특히 연방군이 NATO 군의 하나로 발칸 반도의 분쟁 지역에서 군사작전에 참가하는 문제에 관하여 독일의 연방헌법재판소는 '독일 연방군의 영토 이외 지역 파병이 헌법에 위배되는 것이 아니라고 – nicht verfassungswidrig- '고 판결하였다.

요구하는 수준으로 연방군을 '근본부터 혁신 – Eine Erneuerung von Grund auf - '하는 일대의 개혁에 착수하였다.[26]

5. 맺는 글

1990년 10월 3일 베를린의 과거 제국의회 의사당에 건물에 인접한 개선문(Brandenburger Tor) 앞을 가득 메운 2백만 명의 독일 시민들은 독일의 정치적 재통일을 환호로 축하하였다. 수많은 횃불과 깃발이 휘날리는 가운데 합창과 레이저빔이 밤하늘에 수를 놓았다. 자정이 되자 경축 불꽃놀이가 시작되었고 독일 국가가 연주되는 가운데 검정, 적색, 황금색의 삼색기로 이루어진 독일의 국기가 휘날렸다. 통일독일의 역사적 과업을 달성하고 이제 통일독일의 연방수상이 된 헬무트 콜 뿐 만 아니라, 전체 독일인들은 이 날과 이 순간을 함께 감격해하였다. 특히 독일인들은 분단된 후 동독과 서독에서 각각 창군된 두 체제의 군대가 '한 국가의 한 군대'로 다시 창군된 것과 이 통합 연방군의 민주군대로의 발전을 긍정적으로 전망하였다.

---

26) 연방군 개혁에 관하여 H. Bartels, Wo bleiben die Reformen?, EPS 10/1999, ss. 3-14; Hans-Peter von Kirchbach, Die Bundeswehr an der Schwelle zum 21. Jahrhundert, EPS 1/2000, ss. 10-17; R. Huber, Armee der Zukunft: Trends und Folgerungen, EPS 1/2000, ss. 31-36; M. Lange, Die Bundeswehr auf dem Weg ins 21. Jahrhundert, EPS 10/2000, ss. 18-26; R. Huber/B. Schmidt, Ein Dilema für die Bundeswehr? : Revolution in Military Affairs und die Haushaltskürzungen, EPS 10/2002, ss. 33-39; 김용주, 류제승, 박찬주, 연제욱.「독일 국방정책 연구」(2002, 육군사관학교 화랑대 연구소).

이와 같은 독일의 재통일 과정을 두고 일부는 '너무 성급하였느니, 더 많은 시간이 필요로 하였느니' 하고 비난을 아끼려 하지 않고 있다. 이런 비판적 진술은 경제적인 측면에서 어느 정도 정당성을 부여받을 수 있지만, 안보정치적인 측면에서는 전혀 그렇지 못하다. 오히려 그릇된 시각이라고 비판하지 않을 수 없다. 유럽의 지리적 심장부에 위치한 독일의 경우엔 더욱 그러하다. 역사의 신 클리오(Clio)는 게르만 민족에게 아주 짧은 기간에 국가 통일을 위한 역사의 문을 열어주었던 것이다. 재통일의 감격이 채 가시기도 전인 1990년 11월 소련 연방의 외무장관 세바르드나제는 현직에서 물러났고, 다음 해인 1991년에 정치적 제일인자였던 고르바초프까지 현정치의 무대에서 사라진다. 우리가 자주 인용하는 것처럼 '역사의 신 클리오의 외투는 단지 잠깐 열린 채 나부낀 것'이었다.[27)]

독일연방정부는 연방군의 창군이념과 전통 위에서 두 국가체제 군대의 통합작업을 추진하기 위하여 '연방군 동부군 사령부'를 창설하여 동독 인민군대의 연방군으로 통합을 성공적으로 추진하였다. 10월 3일 00:00부로 170,000명의 과거 인민군 현역 병력 중에서 103,000명이 근무에서 해제되어 사회인으로 새로운 출발을 하지 않으면 안 되었다. 같은 날 1,500여 개의 인민군 소속 부대들과 약 65,000명의 인민

27) 「콜 전 총리 통독 10주년 ZDF-TV 회견」; 그(콜)는 1989년 11월 베를린 장벽이 무너지고 난 뒤 즉시 독일통일을 지지한 외국 지도자는 조지 부시 미국 대통령과 펠리프 곤잘레스 스페인 총리 밖에 없었다고 말했다. "독일 통일에 대해 프랑수아 미테랑 프랑스 대통령은 기분 나쁘다는 투였고, 마거릿 대처 영국 총리는 '거칠게' 반대했으며, 이탈리아 정치인들은 분개했다"는 것이다. 한국일보 (2000. 9. 26) 재인용

군 장병들이 동부군 사령부에 흡수되었다. 동부군 사령관의 지휘와 책임 아래 인민군의 병력은 계속 감축되었다. 1990년 말에 가면 과거의 인민군 장교 32,000명중에서 약 30%에 해당하는 10,500명만이 군대에 남아서 '제복을 입은 시민'이라는 연방군의 이념에 따라서 직책과 임무를 수행하게 되었다. 이처럼 물리적 큰 충돌없이 진행된 실질적인 군대통합은 정치적 재통일 3개월 만인 1990년 12월까지 이미 성공적으로 완수되었다.

연방정부는 1991년 9월까지 인민군 출신자 26,000명 중에서 18,000명만을 향후 2년간의 적응 및 시험기간이 주어지는 2년 복무 군인으로 선발하였다. 이들을 연방군 장기복무자로 선발하는 과정에서 가장 우선적으로 고려된 것은 이들 2년 복무 군인들이 '제복을 입은 시민'이라는 연방군의 민주주의적 가치 우선과 민간우위의 전통이 확립된 민군관계의 본질을 몸과 마음으로 이해하고 실천하였는가에 관한 것이었고, 다음으로 군인으로서의 자격과 자질이 평가되었다. 1993년 9월 30일, 동독 인민군이 해산된 지 약 3년이 경과된 후 연방군 적성위원회는 위의 두 가지 기준을 적용하여 이들 중에서 장교 3,027명, 부사관 7,639명, 병 207명을 연방군 장기복무자 및 직업군인으로 최종적으로 선발하였다. 이로써 동독 인민군대의 연방군으로 통합작업은 성공리에 그 막을 내리게 되었다. 나아가 연방군은 1990년 10월 통일 당시 총 670,000명이었던 병력을 1994년 말까지 370,000명 – 장교 39,700명, 부사관 133,300명, 장기복무 병사 38,000명, 의무 복무병 155,000명, 소집 예비군 4,000명 – 으로 감축하였고, 군대 통합이 끝난 이후에도 독일 내 군대의 재배치 과정을 통하여 그리고 구 소련군의 철수에 따른 추가 비용의 발생 등 예산상의 이유로 연방군 병력의 감축을 지속적으로 추진하여 1999년에는 총 병력을 340,000명으로 감축하는 데에 성공하였다. 나아가 연방군은 병역법을 개정하여 1996년 1월부터 의무 복무병의 근무기간을 12개월에서 10개월로 2개월 단축하였고, 공공 봉사병사도 15개월에서 13개월로 근무기간을 단축하였다.

이와 같이 동독 인민군의 연방군으로 군대통합 과정이 순조롭게 진행된 배경에는 연방정부가 고령의 동독 인민군에게 제안한 유리한 조건의 퇴직금과 연금이 포함된 일종의 명예퇴직제도가 큰 역할을 하였다고 평가할 수 있다. 이외에도 연방군 내 동서독 지역 교차근무, 군사교육 및 연구기관의 동부 독일 지역으로의 이전 등은 두 나라의 군대를 동질성을 가진 하나의 군대로 만드는 과정에서 아주 긍정적인 조치로 평가될 수 있다. 하지만 그 무엇보다도 동독 인민군의 자발적 군대통합의 배경에는 인민군대에서 발견하기 어려웠던 연방군 지휘원칙인 민주시민으로서 군인의 시민적 권리 등 여러 요소가 큰 역할을 하였다고 평가할 수 있다.

4차 산업혁명 시대의 독일 그리고 우리의 선택

남유선 _ 원광대학교 유럽문화학부 교수

4차 산업혁명 시대의 독일 그리고 우리의 선택

1. 4차 산업혁명은 어떠한 특징을 가지고 있는가?

4차 산업혁명(Industry 4.0, Industrie 4.0)이라는 용어는 2013년 독일에서 처음으로 일반인들에게 알려졌으며, 2016년 1월 다보스포럼에서 4차 산업혁명이라는 단어가 전 세계적으로 공식화되었다.

산업혁명은 4단계로 구분된다. 증기기관을 발명으로 촉발된 1차 산업혁명, 전기사용과 콘베이어 벨트를 이용하여 대량생산을 가능하게 한 2차 산업혁명, 컴퓨터를 이용하여 자동화를 이끌어 낸 3차 산업혁명, 그리고 정보통신기술을 이용한 4차 산업혁명이다.

4차 산업혁명의 핵심은 디지털 기술을 이용하여 가상세계와 물리적 세계를 연결하는 가상물리시스템(Cyber Physical System)이다. 즉, 가상물리시스템을 통해 물리적인 객체가 서로 소통을 한다. 모든 중요한 정보가 실시간으로 전달되어, 언제든지 최적의 가치창출이 가능하게 되는 것이다. 이러한 시스템이 생산공정과 유통에 적용됨으로써, 새로운 부가가치가 창출되고, 산업생태계에서도 변화가 나타나고 있다. 이러한 생태계 변화는 제품개발, 생산, 유통과 서비스 부분에서 가장 많이 나타나게 될 것이며, 기술영역에서는 이러한 변화가 기술영역에서는 서서히 나타나겠지만, 기존의 사업 프로세스에는 엄청난 영향을 주는 결과로 이어질 것이다. 제4차 산업혁명의 특징은 새로운 기술의 도입보다는 이미 존재하는 기술들을 정보통신 즉 인터넷과 연결하는 데에 있다.

이제 우리는 인터넷, 클라우드 컴퓨팅, 모바일, SNS을 통해 사람과 사람, 사람과 사물 그리고 사물과 사물이 소통하는 초연결사회(Hyper-connected Society)에 진입하였다. 이러한 정보통신기술을 이용하여 제품 계획단계에서부터 빅데이터 기반으로 시장을 분석하여 소비자의 선호도를 반영하고, 소비자가 원하는 대로 제품을 설계하고 시뮬레이션하여 생산라인을 최적화할 수 있는 생산방식을 구축하는 것이 제4차 산업혁명의 특징이다.

제4차 산업혁명 시대에는 소비자의 선호도를 실시간(real time)으로 제품설계에 반영하고, 소비자의 선호도가 바뀌게 될 경우 소비자의 요구를 다시 제조 공정에 반영할 수 있는 유연한(flexible) 생산시스템이 가능하다. 대량생산과 대량소비 사회에서는 기술주도형으로 제품이 개발되었으나, 앞으로는 소비자가 원하는 대로 물건을 만들어주고 서비스를 제공하는 방식으로 전환될 것이다. 또한 제품도 더 낮은 비용으로 생산될 것이다. 인터넷과 모바일 그리고 제품과 서비스 및 공정 등 모든 것이 센서를 통해서 인터넷으로 연결될 수 있기 때문이다. 다양한 소비자의 욕구를 반영하여 소량생산도 가능하게 하는 것이 제4차 산업혁명의 생산방식이다.

2. 4차 산업혁명시대와 삶의 변화

사물인터넷(Internet of Things)은 4차 산업혁명의 키워드다. 독일은 서비스인터넷이라는 용어를 더 많이 사용한다. 또한 사람과의 연결성을 중요시 한다. 그 이유는 4차 산업혁명의 중심에 사람이 있으며, 사람으로부터 부가가치가 산출되기 때문이다. 사물, 사람, 서비스가 서로 연결된다는 점이 4차 산업혁명의 핵심내용이다. 앞으로 우리 삶의 모든 영역, 즉 교육, 이동, 산업, 근무환경, 여가생활, 건강 등에서 획기적인 변화가 일어날 것이다. 여기에서도 역시 사람이 중심에 서게 될 것이다. 새로운 시대의 성공은 사람이 원하는 서비스를 찾아내는 것에 있다. 바로 이러한 맥락에서 새로운 제품과 기술 개발의 우선순위를 정해야 하고, 개별 고객이 원하는 서비스를 찾아내어 그것에 적합한 제품을 생산해내야 성공적인 가치창출을 해낼 수 있기 때문이다.

4차 산업혁명은 디지털혁명을 제조업으로 확대 적용한 것이다. 이제 공장에 있는 절삭기, 공구, 윤전기 등이 서로 인터넷으로 소통하게 된 것이다. 곧 사물들이 서로 인터넷으로 연결되어 실시간으로 최적화된 의사결정을 내릴 수 있게 되었다.

하나의 예를 들어보자. 보청기와 관련된 내용이다. 귀가 잘 들리지 않은 이유는 여려가지가 있을 것이다. 유전적이거나 어떠한 사고로 인한 난청, 노인이라는 신체적 여건 혹은 스트레스로 인한 정신적인 원인 등이 있을 수 있다, 또는 환자의 생활리듬도 서로 다를 것이다. 하루 종일 TV를 보는 사람, 시끄러운 곳에 자주 노출되는 사람, 활동이 많은 사람, 등산이나 혹은 격한 운동을 좋아하는 사람 등이 있을 것이다. 이것은 보청기를 사용할 때 특히 개인적인 특성이 많이 고려되어야 함을 뜻한다. 특정한 고객을 위한 맞춤형 보청기가 필요하다. 문제는 가격이다. 그동안 개인이 원하는 제품을 공급하는 것이 대량생산 시스템에서는 불가능했다. 전체 생산시스템에서 시리즈로 제품을 출시하는데, 어느 하나의 제품만을 생산하는 것은 불가능했다. 4차 산업혁명 시대에는 개인용 보청기를 공장에 주문할 수도 있고, 합리적인 가격으로 구입할 수 있다. 예컨대, 보청기가 W병원 옆에서 제작된다. 스마트한 공장이 도시 한 가운데에서 가동되는 것이다. 개인의 신체적, 심리적, 사회적, 문화적 특성을 반영한 디지털정보가 사업장에 전달된다. 공장의 설비들에는 디지털 아바타가 있다. 즉 디지털 공간에서 주문 고객에 적합한 제품이 시뮬레이션된다. 디자인과 제품기획 그리고 그 시제품이 디지털세계에서 이루어진다. 제품은 사람과 함께 일하는 똑똑한 로봇조교 시스템으로 만들어진다. 주문을 하면 기계들은 스스로 맞춤형 제품을 제작한다. 기존의 시스템 안에서 차별화된 제품을 만들어내는 것이다. 또는 시제품을 만들어서 고객이 착용해 보고 난 후에, 다시 고객의 반응을 반영한 제품을 만들 수도 있다.

3. 독일의 '제4차 산업혁명'

독일의 '제4차 산업혁명'은 2011년 하이테크기술 전략의 일부로 추진된 미래프로젝트였다. 2013년 하노버 박람회(Hannover Messe)에서 그 이름이 처음으로 일반인에게 공개되었다. 그 이후 산업계 협회를 중심으로 의사소통 플랫폼이 적극적으로 운영되었다. 하노버 산업박람회 모든 전시장이 '제4차 산업혁명'으로 뒤덮였다. 박람회장 곳곳에서 '제4차 산업혁명'의 분위기가 뜨겁게 달아올랐다. 산업혁명의 기본 모형과 모델 그리고 전략 및 연구개발 방향 등이 소개되었다. 일련의 성과물들이 다양한 형식으로 소개되고 있었고 박람회 방문객들의 이목을 집중시켰다. 'Industrie 4.0 포럼' 및 '산업자동화 포럼' 현장에서는 월요일부터 금요일까지 매일 30분 간격의 강의와 토론이 진행되었다. 제4차 산업혁명을 구상하고 기획하는 일에 참여한 이론가들과 현장 전문가들이 대거 참여하여 열띤 토론을 벌였다. 이제 독일의 제4차 산업혁명은 기본적인 골격을 갖추는데 성공하였으며, 계속해서 빠른 속도로 진화하고 있다.

4. 독일은 왜 새로운 시도를 하고 있는가?

독일은 우리나라와 마찬가지로 수출주도형 국가이다. 특히 제조업이 매우 발달된 나라이다. 현재 세계적으로 2,734개(2012년 기준)의 히든챔피언 기업이 있는데 이 중에서 독일 히든챔피언 기업이 1,307개로 세계 1위를 차지하고 있다. 히든챔피언은 전 세계적으로 이른바 '알짜배기' 강소기업이며, ① 세계시장에서 3위안에 들거나, 유럽 내에서 1위인 중소기업, ② 연간 매출액 50억 유로 미만, ③ 일반적으로 대중적 지명도가 낮은 중소기업을 일컫는다. 이처럼 현재 독일의 산업(제조업)이 세계적으로 선도적인 위치를 점하고 있다. 하지만 앞으로는 이러한 전통적인 생산방식으로 저비용 대량생산시스템을 갖춘 중국과 인도 등과 같은 나라와의 경쟁에서 우위를 확보할 수 없다고 판단하였다. 이외에도 독일 기업은 또 다른 도전에 직면해있다. 자원은 점점 희소해져가고 에너지가격은 상승하고 있으며 근로자의 평균연령은 점점 높아지고 있는 것이다. 이와 같은 어려움에 대비하여 독일은 제4차 산업혁명을 구상하게 되었다.

5. 독일의 개방형 의사소통 시스템, 플랫폼

다양한 네트워크가 중요한 역할을 하는 제4차 산업혁명에서 독일은 플랫폼(Platform)을 만들어 운영하고 있다. 이 플랫폼은 다양한 사람들이 참여할 수 있는 개방형 의사소통 시스템이다. 연방정부 부처인 경제산업부와 교육연구부를 중심으로 구성되었으며, 산업과 전략 및 표준으로 나뉘어 세 영역이 협력한다. 각 영역은 워킹그룹을 만들어 각자의 과제를 수행하며, 상호 협력하고 그 결과를 조율한다. 또한 그 내용을 공개하고 수행과제의 결과물을 제출해야 한다. 이렇게 독일은 제4차 산업혁명을 산업계, 정부, 학계, 민간이 함께 만들어 가고 있다. 즉 'Industrie 4.0 by Design'이다. 아직 그 어느 누구도 제4차 산업혁명의 구체적인 모습을 그릴 수 없다. 다만 다 같이 공동의 비전과 미션을 가지고 그려나갈 뿐이다. 지난 1, 2, 3차 산업혁명이 사후에 정의된 개념이라면, 독일에서 추진하고 있는 4차 산업혁명은 사전에 정의된 개념으로 진화적으로 발전해가는 과정에 있다. 접근방식은 진화적(evolution)이었지만, 그 결과는 혁명적(revolution)일 것이라는 생각으로 다양한 이해관계자들이 모여서 제4차 산업혁명을 이끌어 가고 있다.

제4차 산업혁명 시대에는 소비자의 요구가 실시간(real time)으로 제품설계에 반영되고, 제조 공정과정에서 소비자의 요구를 바꿀 수도 있는 유연한(flexible) 생산시스템이 가능하다. 이러한 새로운 기업 생태계에서 독일의 제4차 산업혁명은 기존의 산업혁명과는 다른 접근방식을 추구하고 있다. 새로운 산업혁명을 디자인하는 단계에서부터 다양한 이해관계자들이 참여할 수 있는 방법과 공간을 마련하고 있다.

2013년부터 3개의 산업계 협회의 주관으로 진행되었던 1차 플랫폼은 매우 성공적으로 마무리되었고, 2015년 4월 14일 하노버 박람회에서 정치, 경제, 협회, 연구, 노조가 참여하는 Plattform Industrie 4.0이 공식적으로 출범하여 제4차 산업혁명을 실제적으로 주도하고 있다. 이곳에서 산업계 협회중심 1차 플랫폼의 연구결과물이 공개되었다. 새롭게 구축된 2차 플랫폼은 세 개의 큰그룹으로 구성되는데, 전체를 포괄하는 지도부 그룹과 그 아래에서 실행 업무를 맡은 조정그룹과 전략그룹으로 구분된다. 조정그룹은 기업과 각 워킹그룹 대표자로 구성된다.

제4차 산업혁명은 독일의 산업입지 경쟁력과 중소기업에게 매우 중요한 의미를 부여한다. 이를 뒷받침하기 위한 산업전략을 개발하고 기술적인 협력을 유도하는 워킹그룹이 있다. 관련 분야 전문가를 중심으로 연구분야와 산업분야를 대표하여 선정된 주제를 논의한다. 이와 같이 플랫폼 안에서 실시간으로 최적의 해법을 찾아가고 있다.

6. 4차 산업혁명 시대, 대학의 역할은 무엇인가?

디지털혁명은 이미 도도히 흘러가고 있다. 지금 우리는 스마트폰이 없는 세상을 상상할 수 없다. 우리는 스마트폰으로 기차표를 예매하고, 필요한 정보를 얻고, 음악을 듣고, 친구들과 수다를 떨면서, 우리의 일상생활을 소형컴퓨터인 스마트폰과 같이 한다. 세계의 정보와 친구들 그리고 사업파트너들이 서로 메일을 주고받으며, 영상파일과 사진파일을 주고받으며 동시에 그룹 채팅을 한다. 여기에 제조업 공장까지 통합되는 것이다. 공장에 있는 기계들과 공구 및 프로그램에 센서가 붙고, 인터넷 주소가 부여된다. 시장상황 혹은 고객의 욕구가 변하면 곧바로 그 내용이 공장에 전달되어 차별화된 제품이 만들어진다. 기업들의 협업도 무척 활발해질 것이다. 보청기를 만드는 공장과 소재공장 또는 보청기를 만드는 다른 공장들과도 협력할 것이다. 갑자기 주문이 밀려오면 다른 공장의 설비를 이용하는 것이, 새로 공장을 짓는 것보다 낫기 때문이다. 힘들고, 반복적인 일은 로봇이 맡을 것이다. 즉 로봇과 사람의 협력이 이루어진다. 로봇이 잘하는 일과 사람이 잘하는 일로 구분될 것이다.

> 그렇다면 미래에 필요한 인재는 누구일까? 어떤 능력을 갖춘 사람일까?

바로 소통능력을 갖춘 사람이다. 4차 산업혁명시대는 통신, 소프트웨어, 앱, 기계설비, 전기전자 등의 기술이 통합되는 시대이다. 즉, 이

분야 전문가들 간의 의사소통능력이 필요하다. 서로의 개념을 이해할 수 있고, 하나의 서비스를 제공하기 위해서 어떻게 협업할 것 인지를 실행해야 한다. 엔지니어링 혹은 공대 내에서의 의사소통이 중요해진다. 사물인터넷 기술은 무서운 속도로 발전할 것이다. 하지만 문제는 그 기술에 대한 시장수요가 있느냐이다. 끊임없이 개발되는 제품들의 70프로는 시장에서 곧바로 사라진다. 곧 시장이 원하는 수요에 맞추어 개발되는 제품은 30프로 이하라는 뜻이다. 즉 사람들의 욕구가 무엇인지를 파악하는 능력이 매우 중요해진다. 모든 사람은 자신만이 가지고 싶은 제품, 혹은 자신만의 충족감, 특별함을 누리고 싶을 것이다. 이 욕구를 어떻게 제품개발과 기획 혹은 디자인 단계에서 반영할 것인가? 그 하나의 방법으로 개방형 혁신(Open Innovation)이 채택되고 있다. 즉 보석, 시계, 자동차를 만드는 기업이 온라인 플랫폼에 공간을 제공한다. 그 안에서 소비자 혹은 그 기업의 매니아들이 디자인 설계를 한다. 고객이 원하는 것이다. 이를 새로운 제품개발에 적용한다. 시장수요를 제품개발 초기에 반영하는 것, 그리고 기술개발 초기 단계에서 반영하는 것이 매우 중요해진 것이다. 기술개발은 많고, 상대적으로 쉬운 반면에 시장수요는 급변하고 그 주기가 매우 짧기 때문이다. 이는 곧 인문학과 자연과학 및 공학의 소통이 필요해지는 이유이다.

어떻게 대학에서 소통능력을 갖춘 인재를 키울 것인가?

다른 전공의 사람과 소통하는 능력은 결국 수백 번의 시행착오에서 길러진다. 문제를 찾고, 해결하는 과정에서 겪는 시행착오를 통해 길러진다. 동시에 그 시행착오가 새로운 배움으로 지식으로 발전하는 여건으로 이어져야 한다. 즉, 시행착오를 통해서 성장할 수 있는 프로그램과 인프라가 갖추어져야 된다. 새로운 산업혁명은 새로운 형식(Format)을 요구한다. 디지털혁명으로 우리의 의사소통 환경은 엄청나게 변화했다. 예컨대 박사학위를 가진 전문가의 영역이었던, 환율과 주식에 대한 지식이 온라인 블로그에서 제공된다. 부동산 투자, 요리, 여행, 짐 정리하는 법 등 모든 영역에서 의사소통이 다각적으로 이루어진다. 마치 생태계의 거미줄처럼 엮여 있는 것이다. 이렇듯 4차 산업혁명 시대의 소통은 1:1, 그룹 소통, 워킹그룹, 지속적인 피드백, 공개 등등의 특성을 가진다.

그 형식을 어떻게 하느냐에 달린 것이다. 즉 학문간의 의사소통, 융복합적인 문제해결 역시 새로운 형식의 접근이 필요하다.

새로운 포맷의 지식경연, 사이언스 슬램(Science Slam)

매우 빠른 속도로 변화하는 기술과 조직의 변화는 지속적인 교육을 필요로 한다. 이제 더 이상 단순한 지식전달은 큰 의미를 가지지 못한다. 지식의 단순한 축적 역시 경쟁력이 없다. 다양한 전공의 지식, 융합적인 지식, 현장경험과 노하우, 실패를 통한 지혜획득 등이 함께 어우러지는 시대이다. 개인 한 사람 한 사람이 곧 체험과 지식이 녹아든 백과사전이다. 이들과의 소통이 가장 효과적인 교육방식일 수 있다.

새로운 형식의 의사소통 성공사례를 소개한다.

독일에서 지난 몇 년 동안 엄청난 인기를 끌고 있는 science slam이

바로 그 예이다. 학술적인 내용으로 참가자들이 경연을 한다. 소위 전문가들의 영역이라 생각하는 '학문(자연과학, 인문사회과학)' 영역에서 비전문가들이 경쟁하는 것이다. 발표자들의 경쟁시스템, 정해진 짧은 발표시간, 청중의 평가가 중요한 요소이다. 어려운 내용, 특히 복합적인 지식을 쉽고 재미있게 설명할 수 있는 능력이 필요하다. 이것은 가장 난이도가 높은 소통능력이다. 예컨대 인공지능에 대해서 10분 안에 일반시민(어린아이부터 어른까지)을 이해시켜야 하는 것이다. 그것도 재미있게 말이다.

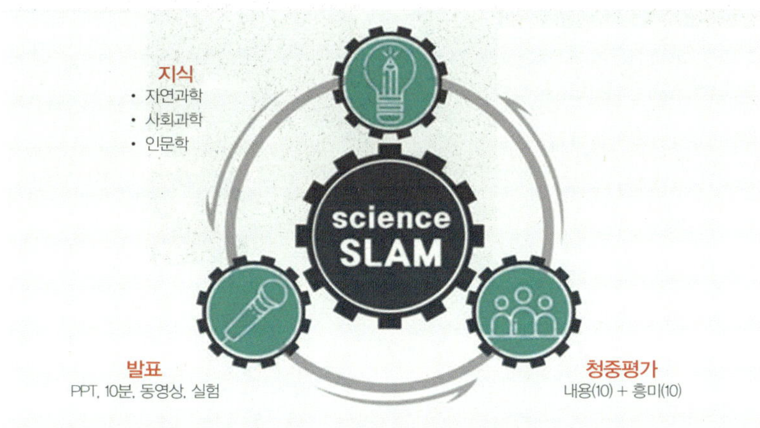

시민이면 누구나 한 달에 한번 이 경연대회에 와서 다양한 학문영역을 접할 수 있다. 사물인터넷, 사이버물리시스템, 데이터과학, 빅데이터 등에 대해 들으면서 그 내용을 평가도 것이다. 독일의 거의 모든 도시에서 월 1회 개최된다. 즉 독일 전국적으로 보면 3일에 한번 씩 열리는 셈이다. 더욱 흥미로운 점은 입장료(7000원 정도)가 있음에도 불구하고, 거의 매번 2주 전에 매진이 된다. 새로운 첨단기술을 홍보하는

일이 자연스럽게 줄어들 것이다. 이미 시민들은 이러한 행사를 통해서 필요한 지식을 웃고 떠들면서 익히기 때문이다.

독일 전역 3일에 한번 열림
입장권 2주 전 매진

입장료 7,000원 내외
500여 명 내외

10분 발표
5-6명 배틀

독일 사이언스 슬램은 전문가 중심의 과학적인 지식생산을 일반시민과의 소통으로 확대하고 있다. 전문연구자는 청중이 이해할 수 있도록 연구결과를 설명하고, 이에 청중은 첨단과학 기술의 설명과 발표내용을 평가하는 규칙을 만들어 가는 것이다. 이를 통해서 과학기술 개발 그 자체가 목적이 아닌, 소비자와 시장이 원하는 연구개발이 가능해졌다. 과학적인 지식, 첨단기술, 연구개발에 있어서도 일반시민과의 소통은 사회적 수용성을 제고하게 될 것이다. 동시에 공정경쟁과 시민의 평가는 재미와 흥미 그리고 지식이전이라는 성공적인 열매를 맺고 있다.

Science Slam 방식의 지식경연 콘서트 역시 개방적 의사소통 플랫폼에 기초한다. 유연하고, 개방적이며 참여자들의 의견을 실시간으로 반영할 수 있다. 주제별, 워킹그룹별, 대상별, 참여방식별 각 단계에서 지식경연 방식을 적용한다. 지식경연과 동시에 참가자, 청중, 이해관계자의 의견수렴 혹은 평가를 반영하는 시스템이다.

앞으로 제4차 산업혁명 시대는 엄청난 데이터와 통신망, 보안 그리고 안전성이 요구되고, 수많은 사람들이 개방된 의사소통 플랫폼을 이용하게 되는 사회가 될 것이다. 이러한 사회에서는 집단지성의 지혜뿐만 아니라 일반대중의 지혜도 필요하다. 이러한 일반대중의 지혜는 일반대중과 소통할 수 있는 지식공유 프로그램을 통해서 가능할 것이다.

4차 산업혁명 시대, 우리의 선택은 무엇인가?

전 세계적으로 4차 산업혁명의 새로운 물결이 유유히 밀려오고 있으며, 우리의 삶 전반에 커다란 변화를 예고하고 있다. 이러한 시점에 의미있는 성과를 거두기위해서 우리는 무엇을 준비하고 어떠한 능력을 갖추어야 할까? 우리의 선택은 무엇인가? 새 시대의 기본이 되는 새로운 형식의 의사소통에 주목해 보자. 학문분야를 넘나드는 소통 프로그램 운영, 예컨대 자연과학과 인문사회과학의 융복합적인 의사소통 프로그램 운영이 시급하다. 위에서 소개한 독일의 지식경연 프로그램인 Science Slam처럼, 배틀, 시간제한, 청중평가의 방식으로 이루어지는 새로운 의사소통 방식이 필요하다. 이를 통해 새로운 형식의 소통방식을 체험할 수 있을 것이며, 새로운 시대, 4차 산업혁명 시대에 필요한 능력을 키울 수 있을 것이다.

"Everybody is a teacher, everybody is a learner." 4차 산업혁명 시대에 가장 어울리는 말이라고 한다. 이제는 더 이상 가르치는 사람과 배우는 사람을 구분할 필요도 없고 구분할 수도 없다. 누구나 가르치고 누구나 배울 수 있다는 말이다. 그래야 새로운 시대의 키워드인 '융합'을 완성할 수 있다. 우리 모두가 지식마당에서 지식을 공유함으로써, 가르치고 배운 것을 씨줄 날줄로 엮어서 지금까지 그 누구도 상상하지 못했던 4차 산업혁명 시대에 필요한 새로운 융합덩어리를 만들어 낼 수 있을 것이다.

필진 소개

오창룡

서울대(정치학)에서 박사학위를 취득했고,
2018년 현재 미국 버클리대학교 정치학부 방문연구원으로 재직 중이다.
프랑스 우파 정치 지형의 변화에 대해 관심을 두고 연구하고 있다.

장클로드 드크레센조

프랑스 릴3대학에서 박사학위를 취득했고,
현재 엑스마르세유대학교 한국어학과 학과장으로 재직 중이다.
드크레센조 출판사를 운영하며 50여 권의 한국문학을 프랑스에 번역, 소개한 바 있다.

심지영

프랑스 파리 7대학에서 박사학위를 취득했고,
현재 방송통신대학교 불어불문학과 조교수로 재직 중이다.
프랑스어권 아프리카의 문화와 예술에 관심을 두고 연구하고 있다.

정미경

독일 베를린 자유대학교에서 철학 박사학위를 취득했고,
현재 경기대학교 독문과 교수로 재직 중이다.
독일 문화에 대한 다수의 논문을 쓴 바 있다.

이명환

독일 쾰른대학교에서 역사학 박사학위를 취득했고,
공군사관학교 교수를 거친 후 현재 충북대 사학과 강사로 재직 중이다.
독일 통일 및 독일 연방군에 대한 다수의 논문을 쓴 바 있다.

남유선

독일 쾰른대학교에서 독어학 박사학위를 취득했고,
현재 원광대학교 유럽문화학부 교수로 재직 중이다.
독일 4차 혁명에 관련한 저서와 다수의 논문을 쓴 바 있다.

오늘날의 유럽

초판 1쇄 발행 _ 2018년 2월 20일

저　　자 • 오창룡 외 5인
발 행 인 • 정 현 걸
발　　행 • 신 아 사
인　　쇄 • 토탈프로세스
출판등록 • 1956년 1월 5일 (제9-52호)
주　　소 • 서울시 은평구 통일로 59길 4(2층)
전　　화 • 02)382-6411 · 팩스 02)382-6401
홈페이지 • www.shinasa.co.kr
E-MAIL • shinasa@daum.net

ISBN 978-89-8396-269-0(03300)

정가 15,000원

본 도서는 2017년도 충북대학교 대학인문역량강화(CORE)사업의 지원을 받아 출판되었음